落語と歩く

田中 敦
Atsushi Tanaka

岩波新書
1642

目　次

目　次

コラム

本書で扱ったデータは二〇一五年末までに発行された書籍に基づいています。落語の演題や職業名等に、今日の人権感覚に照らして不適切な表現がありますが、古典落語が演じられた当時の時代状況と資料性に鑑《かんが》み、そのままの表現としています。

序章　小石も名所

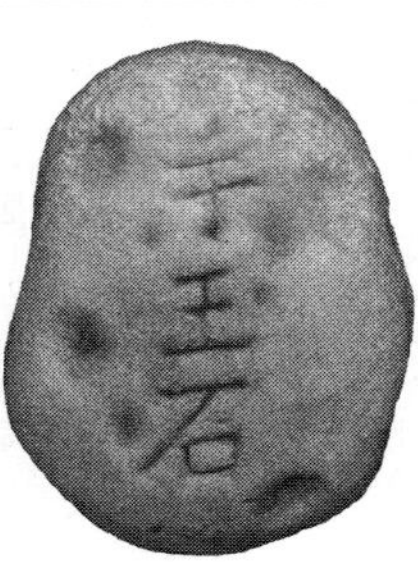

鎌倉「豊島屋」の名所まんじゅう
権五郎の手玉石

空を見上げて

「大坂はなれて、はや玉造《たまつくり》」。

たったワンフレーズで、すがすがしい青空の広がる郊外へ一歩踏みだした感じがします。「東の旅」と呼ばれるこの落語のフレーズを思い出すだけで、いつもの玉造駅前の景色が、手甲脚絆《てっこうきゃはん》を身につけ、遠く生駒《いこま》の山なみを見上げる旅人の姿と重なってきます。

そんな落語を道連れに町へ出てみようというのが、この本です。

落語散歩をはじめるのは簡単です。毎日暮らしている町から、ちょっと歩いてみるだけで、浅草、新宿や道頓堀《どうとんぼり》、天王寺《てんのうじ》といった身近なところに、こんなにも落語に出てくる場所があったのかと、びっくりするかと思います。

寄席で笑ったあの噺《はなし》、テレビで見たあの落語を頭の中でリフレインしながら、それとも携帯型の音楽プレーヤーから流れてくる旅の噺を聴きながら、落語と一緒に歩いてみれば、時間は過去へと巻き戻され、ビルの向こうに澄んだ青空が見えてくるでしょう。

制約は旅のはじまり

旅はいいものです。旅とまでいかなくても、お出かけも楽しいものです。そのきっかけは、いろいろあるでしょう。映画のチケットをもらったから、お祭りがあるから、友人へのプレゼントを買うため、家族にせっつかれたから……。

「あした、どこかに連れてって」と言われても、「うん、わかった」と生返事するしかありません。これが、「ショッピングセンターの跳人戦隊ショーに行きたい！　一時にはじまるんだ」ならば、もうがんじがらめ、家族で郊外のショッピングセンターに朝から出かけて、整理券をもらったらフードコートで焼きそばを食べて、といったメニューが見えてきてしまいます。

ミステリーバスツアーといっても、目的地が参加者に伏せられているだけで、実際は予定調和的な旅行です。高速道路をおりたらちょっと山の方へ入って、清流見物、果物狩り、手打ちうどんと山菜の食べ放題、お土産屋での不自然なほどたっぷりの休憩といったパターンが思い浮かんでしまいます。

たとえば、近場のB級グルメ食べ歩きとか、カタクリの花の群落を見るとか、何か自分だけの目的、いいかえれば制約があると、かえって行動の軸が決まり、プランの広がりが出てきます。何回かに分けて旧街道を歩き通すとか、「奥の細道」のあとをたどるとか、もっと時間をかけた趣味の領域の旅を楽しんでいる人も大勢います。

旅はいいものです。自分で決める旅は、もっといいものです。

そんな、自分流の旅のきっかけとして、「落語」はいかがでしょうか。このあいだ聴いた落語に出てきた所、ちょっと行ってみようか。それがきっかけです。歩いてみると、落語はもっと楽しいものになります。落語を軸にすえたとたんに、ルートづくり、旅先での見聞、帰ってからの思い出話、一粒で三度おいしい旅がはじまります。

事実がいろどるフィクション

落語はフィクションです。

このドラマはフィクションです。登場する団体・個人名はすべて架空のものです、といったわざとらしい表示を見かけます。落語の場合、フィクションであることは聴き手は百も承知です。だから、いくら本当らしい話でも、最後には落ちによってどんでん返しがあるのです。

この落語はフィクションです。だから、あえて登場する団体・個人名はすべて実在のものを使っています。とても言いたいところです。実在する地名などをちりばめた、八〇パーセント*の真実によってリアリティを積み上げて行き、落ちのあざやかさ、虚構のおもしろさが際立つのです。実際は創作されたストーリーが、まるで本当にあったことのように聞こえてくるのです。はじめから根無し草の落語なので、血まなこになって、こんな地名が本当に見つかりました、ましてや、こんな地名を使うのは間違っていると思います、と声高に叫ぶのは、ヨタ話を真に受けて一生懸命に吹聴しているようなものです。まさに、金言に出てくるはた迷惑な「勤勉な馬鹿」にほかなりません。正しいのはせいぜい八〇パーセントです。落語を考証するぞ、だなんて肩ひじ張らずに、作りごとを含め、遊び心で楽しむ余裕を持ちたいものです。

＊ 八〇パーセントと具体的に書きましたが、その確からしさも八〇パーセントほどです。

いわれがあれば小石も名所

ある落語に、〝箱根山には名所がござる曽我の五郎の手玉石《てだまいし》〟というセリフを見つけました。丸く摩耗した石も、曽我の五郎が退屈しのぎにお手玉のようにもてあそんだならば、わざわざ見物する価値があるものに早変わりするのでしょう。私も、箱根に五郎の手玉石を探しに行ったことがあります。しかし、結局見つからず、肩を落として帰ってきました。勤勉な馬鹿を身をもって示したのです。でも、鎌倉の御霊《ごりょう》神社には鎌倉権五郎《ごんごろう》の手玉石がありました。やっぱり伝説にあるとおり、五郎は強いパワーを持っていたのです。二〇パーセントの嘘にまどわされましたが、八〇パーセントは真実のようです。

古来、都の人が和歌の題材に取りあげ賞翫《しょうがん》した歌枕《うたまくら》も、想像力がこしらえた名所です。百人

一首にも選ばれた二条院讃岐《にじょういんのさぬき》の歌、

我が袖は潮干に見えぬ沖の石の人こそ知らね乾くまもなし

あなたを想うと涙がとまらず、この袖が乾くことがないのよ、という気持ちを、〝沖の石〟に託して歌っています。二条院讃岐は、のちに「沖の石の讃岐」とまで呼ばれるほどだったと言いますから、よっぽど評判だったのですね。この沖の石＝海面下にある石というものは、特定の石を指してはいなかったはずです。ところが、〝沖の石〟自体が歌枕になり、まだそれを見ぬ都人のロマンをかき立てるアイコンになったのでしょう。そうすると、現物が現れます。仙台で仙石《せんせき》線に乗りかえ、多賀城駅から歩いて一〇分ほどのところに、〝沖の石〟があります。海のかなたどころか、民家に囲まれた小さな敷地に、茶色い水に浸った、ゴツゴツした奇岩が顔を出しています。がっかり名所のようですが、それで十二分なのです。松尾芭蕉は、まだ見ぬみちのくの名所を実際に訪れて「奥の細道」を作り上げました。沖の石もその名所の一つです。仙台藩主の伊達綱村《つなむら》侯は、沖の石を整備し、番人を置いたと伝えています。

そうです。いわれがあれば、小石も名所、木くずも宝物です。由緒を具体化することに価値があるのです。能因《のういん》法師は、淀川に架かる長柄橋《ながらばし》を造った際にでたかんな屑を宝物として大切にした、というエピソードがあります。長柄の橋といえば、言わずもがなのことを提案したために、自分が人柱となった巌氏《いわじ》の伝説が残っています。ショックのあまり口をきけなくなった娘が残した、「物言わじ父は長柄の人柱　鳴かずば雉子《きじ》も射られざらまし」という哀れな歌が、長柄橋のイメージをふくらませます。いわれがいわれに重層して行きます。

落語好きならば、どんなつまらない！　地名でも、落語にでてくることが由緒となります。そのことをもって、電柱に貼られたなんでもない住所表示までもが、由緒というバックボーンを得て、訪れる人を満足させるのです。

でも、忘れてはいけません。〝落語国〟は、シャレが尊重され、しかも本音を言っても許される世界です。はるばるやって来たけれども、やっぱりつまらない場所だったな、とつぶやきつつ、それでも次の名所に足を運びます。

体験↓発見↓貢献

次からの章では、いくつかの落語を歩きながら、落語散歩の面白さに触れたいと思います。まずは、身近なところから、ちょこっと落語散歩に出てみます。寄席の高座《こうざ》、活字の中だけだった落語の世界が、自分の方にぐっと引き寄せられると感じるはずです。落語を演じるのは簡単ではありませんが、落語国の世界に飛びこむ体験は簡単にできます。

この本は、落語に出てくる土地をくまなく紹介するものではありません。とても一冊の本では書き切れないほど、落語ゆかりの土地はたくさんあります。そちらは巻末の「都道府県別落語地名」に概要をまとめてあります。第2章では、そんな情報をヒントに、ガイドブックに載っていないオリジナルな散歩を楽しむための提案を書いています。どう旅を組みたてるかは、あなた次第です。オリジナルな旅をすれば、誰も知らない新しい発見があるかもしれません。

また、散歩を続けるうちに、だんだんと、ほかにはどんな珍しい落語があるか知りたい、そしてその場所に行ってみたいという気持ちになって来るかと思います。そんな、コレクター心を満たすための、落語速記の世界についてもページを割いてあります。『百花園《ひゃっかえん》』『文芸倶楽部《ぶんげいくらぶ》』という明治時代の二大雑誌をメインに、はやりの落語を紹介するガイド本ではなかなか見たり聴いたりすることができない埋もれた落語と、そこに出てくる土地をご紹介します(第3章)。明治の大名人三遊亭圓朝《さんゆうていえんちょう》の作品や、明治期の落語家が得意とした人情噺《にんじょうばなし》には、まだまだ未知のお宝があります。これについても紹介をいたします(第4章)。

最後の章は、やや堅い話になってしまいました。失われつつある落語地名をはじめとする情報を、たくさんの人の力で整理・記録しようという試みについてです。なにげない落語散歩の中でみかけた発見が、積み重なって行くと、後の時代に貢献できるという考えです。

さて、今日の散歩をともにする落語は決まりましたか。それでは、ぼちぼち出かけるとしましょう。

第1章　ちょこっと落語と歩こう

さあ、落語散歩のはじまりです。はじめは、楽しそうなところを試食のつもりで、つまみ食いしてみましょう。気が向けば、何かの機会に実際に歩いてみて下さい。はじめからがんばりすぎては、息が詰まってきます。どこかにでかけたついでにちょこっと寄り道したり、いつもの通勤・通学ルートで途中下車したりする、ちょっとしたことが楽しみになるはずです。

1　はじめの一歩――王子の狐

最初に歩くのは「王子の狐」という落語にします。タイトルに王子という地名が出てくることからわかるように、王子(東京都北区)を舞台とする落語です。この落語を知らない方のために、あらすじを書きますが、知っている方はどうぞ読み飛ばしてください。自分の頭の中に残っている「王子の狐」を自分のイメージにしたがって自由に散策する方がずっと楽しいからです。

「王子の狐」のあらすじ

ある男が王子のお稲荷さんに参詣しようと田舎道を歩いていると、稲むらのかげにキツネの尾が見えます。じっと見ていると、キツネはしきりに草をちぎっては頭に乗せていましたが、ポンッと宙返りをすると、若い女性に化けたではありませんか。「いい女だね、また。いったい誰を化かすんだろう」。周りを見ても誰もいません。「こりゃあ、俺を化かそうと言うのか。よぉし、ここはひとつだまされたふりをしてやれ」。「玉ちゃん、玉ちゃあん」と、知り合いのふりをして娘に声をかけると、キツネの方も話を合わせて来るではないですか。「お詣りもいいが、ちっとくたびれたねぇ」と、扇屋という料理屋の二階にあがってごちそうをあつらえます。初めて飲んだお酒にすっかり酔っぱらったキツネは、横になって寝てしまいました。そのスキに、男は扇屋を抜け出して、逃げてしまいます。

日も暮れてきて、いつまでも寝かせておくわけにいかないと、店の者が娘を起こします。「すみません。すっかり寝込んでしまいました。あの、連れの者はどこへ」、「へえ。玉子焼きをお土産に、もうお帰りになりました」、「で、お勘定は」、「あなたからいただいてと」。キツネの驚くまいことか。耳がピンと立ち、着物のスソから太い尾がニュッと飛び出した。「狐の夫婦がただ食いに来たぞ！」。店の者は、ホウキや棒でもって、さんざんキツネを殴りつけます。最後っ屁を一発放つと、キツネは窓から逃げだします。

外出から帰ってきた扇屋の主人、この騒ぎを見て店のものを叱りつけます。「うちは王子のお稲荷様のおかげで商売ができているんだぞ。お狐様が見えたら、ごちそうをしてお帰しするのが当然だ」。店を早じまいして、王子稲荷におわびのお詣りです。

一方のキツネをだました男、帰り道で友達に出会います。「どうしたい、ご機嫌だな」、「よぉ。今、狐をだまして、さんざっぱらゴチになって来たんだ。これは坊やへ土産。持ってってくれよ」、「大変なことをしやがったなぁ。狐は執念深いぞ。家へ帰って見ろ。お前のカミさんが、ハタキを持って、座敷を踊り回ってるぞ。そんな土産を食って俺まで巻きぞえになるのはごめんだよ」。

こりゃあ大変だと、翌日、折詰をもって王子へ行くと、キツネの巣穴だらけです。ちょこちょこっと出てきた子ギツネに、「毛並みのいいお嬢ちゃんだこと。この辺にけがをした狐はいないかね」、「ウチのおっかさんが、きのう、人間にさんざんぶたれて大けがをしたよ」、「それは済まなかったね。おじさんのせいなんだ。ちょっと酔っぱらって悪さしちまったんだ。これはほんのおわびのしるし。お母さんによぉく謝っといておくれ」。

「おっかさん。今、おっかさんを化かしたおじさんが、これを持ってやってきたよ」、「まあ、執念深い人間だね。どれ、あけてごらん」、「わあ、おいしそうなぼた餅」、「これ、食べるんじゃない。馬のフンかもしれない」。

王子の地名の由来

人間不信になったキツネがかわいそうになるような落語です。江戸の名物を、「武士鰹　大名小路生鰯　伊勢屋稲荷に犬の糞」などと唱えたように、関西ではお地蔵さん、関東では各町内に一社くらいお稲荷さんが祀《まつ》ってありました。その中でも、王子のお稲荷さんは、関東の稲荷の総司《そうつかさ》とされており、ここを落語の舞台にするのはぴったりだといえます。

余計な予備知識はこれくらいにして、まずは、王子へでかけてみましょう。

東京駅からJRの京浜東北線で一〇駅、一八分ほどで王子駅に着きます。高いホームからはこの先の赤羽に向かって右下に大きく蛇行する川、その奥に繁華街が見えます。左手の方は高台がせまっていて、都市公園となっているようです。上野から王子を経て、赤羽方面へずっと続いている武蔵野台地の崖線《がいせん》です。今日はこちらの山側の方へ行きましょう。

改札を出て、トンネルのようなガードを抜けると、自動車が通れないほど細い道が現れました。正面に小川が流れており、両側が石畳の遊歩道になっています。行楽に来ている人もたくさんいるようです。V字型に深く切れこんだ谷に太鼓橋がかかっています。今は整備された人工的な流れですが、もともとはこの石神井《しゃくじい》川《がわ》が台地に深い谷を刻み、先ほどの蛇行する流れへとつながっていました。ほどなく、右手の小山へと続く石段が現れました。高いところに登って下をながめてみましょう。谷の両岸は桜の木で埋めつくされています。花の盛りはいかにも見事なことでしょう。そう、ここは飛鳥山《あすかやま》の桜として、都内でも有数のお花見スポットです。一曲がり、二曲がりと石段を登りきると、玉砂利を敷き詰めた広い神社の境内に出ました。参拝の人が列を作っています。さすが、王子のお稲荷さんはずいぶんと立派な神社なんだな、と思っては早合点。ここは王子神社、かつては王子権現と呼ばれた神社です。

入り口の鳥居のところに、由来書が掲示されていました。かつてこの地を支配していた豊島《としま》氏が、紀州の熊野三山から王子大神を祀り、若一王子《にゃくいちおうじ》と名づけました。その後、徳川家代々の崇敬、寄進を受け、立派な社殿が整備されていったということです。中でも、八代将軍吉宗公は、紀州の出身であることから、とりわけこの地を愛し、向かいの飛鳥山に桜樹を植え、江戸市民に開放しました。王子権現があることから、地名も王子に改められました。今日訪れる王子稲荷も、岸村にあることから岸の稲荷と呼ばれていたのですが、やっぱり王子稲荷と呼ばれるようになります。風致豊かな飛鳥山、王子権現、王子稲荷の三点セットで、王子は江戸北郊の行楽地としてにぎわったということでしょう。

なるほど、紀州熊野になぞらえたため、先ほど見えた石神井川を、王子のあたりでは音無川《おとなしがわ》と呼ぶのですね。ちなみに、紀州の音無川は、落語「紀州飛脚《きしゅうびきゃく》」に出てくる落語地名ですし、「王子の狐」誕生の恩人とも言える徳川吉宗は、落語「紀州」の主人公です。実は、王子神社自体も落語に出てくる地名なのですが、今日はお詣りだけして先に進みましょう。

王子の裏山へ

王子神社の鳥居を抜けると、坂道が複雑にクロスした交差点にでます。田舎道をそのままにして、田畑に作物の代わりに家やビルを建てたような地割りです。細道に入ってみます。ひとしきり迷って歩いているうちに、遠くに朱塗りの玉垣《たまがき》が見えてきました。先ほどの王子神社から直線距離で四〇〇メートルほどでしょうか、王子稲荷に着きました。境内が幼稚園の園庭となっており、園児たちの遊ぶ声が響いています。平日は園庭が通れないので、脇の急坂を登り、横の方の鳥居をくぐって境内に入ることになります。正面の楼門をくぐって参詣したい方は、休みの日の訪問をおすすめします。楼門の向こうに、ほとんど傾斜のかわらない男坂、女坂の石段がならんでおり、その上に社殿が見えます。

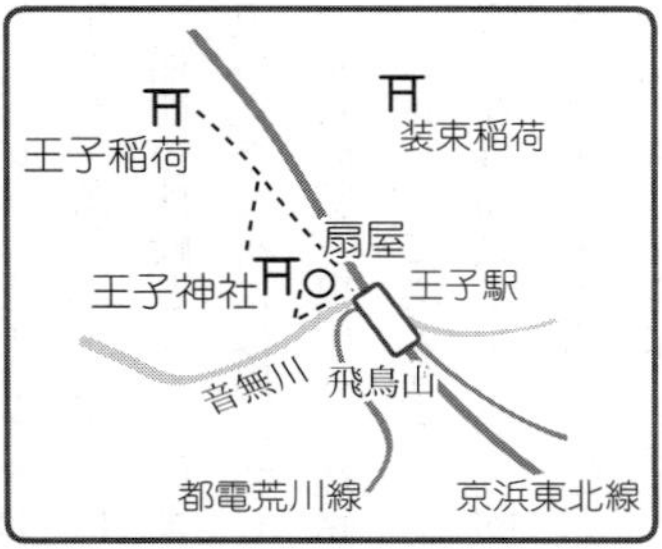

湯島天神(東京都文京区)に行きますと、まっすぐ急な男坂と、それと直交する登り口のついたゆるやかな女坂が別々についています。遊興の勘定を受け取りについてきた男に、男坂の途中から

石ころの入った財布を投げつけ、男があわてて拾っているスキに女坂から逃げてしまうエピソードが、落語「付き馬」に出てきます。そんなことを思い出しながら男坂を登ると、正面が王子稲荷の拝殿となっていました。拝殿内陣の四四枚の格天井《ごうてんじょう》には、それぞれ草花が描かれ、中央の大きな枡には鳳凰でしょうか、色鮮やかな翼を広げています。

本殿の脇、裏山へと迷路のような参詣路が続いています。本当の山の中にある神社の奥の院とは違い、こぢんまりとした箱庭的たたずまいですが、木々の背丈が高いため、深山に入ったような雰囲気です。開放的な王子神社にくらべて、コンパクトに入り組んだ配置が、かえってキツネのすみからしく感じられます。本宮と書かれた額が架かった社殿を回りこむといっそう薄暗くなってきました。

そういえば、本宮の額には〝鵬斎亀田興〟と署名がありました。亀田《かめだ》鵬斎《ぼうさい》こと亀田興《おこる》は、江戸中期の儒学者、書家で、「鵬斎とおでん屋」という新作落語もあります(藤田本草堂作)。市井《しせい》の学者で、独特の書体の書は高値で売れるが、飲んだくれの先生は酒に変えてしまう、となれば、落語の題材にうってつけです。落語「一目上《ひとめ》がり」で、掛け軸を根岸蓬斎先生の書だというセリフがありますが、これも根岸の里に住んだ亀田鵬斎を踏まえたものだと考えられます。

お石様の社殿があります。座布団の上に一抱えほどの石が置かれており、持ち上げたときの軽重で、心願の成就を占うとのことです。なんとか持ち上がることは持ち上がりましたが、願いはそう簡単に叶いそうではありませんでした。中に土を焼いて作った狐の人形が奉納されています。薄暗いところにずらりと土人形がならんでいるのは、ちょっと不気味です。穴守《あなもり》稲荷（東京都大田区）で、奥社のお砂場に小さな鳥居が互いにはさまりあって、一つの塊となって積み重なっていたのを見たことがあります。人の気が凝りかたまったような物量のパワーに、圧倒されてしまいました。

裏山まで訪れる人は多くありません。急な階段を上りきったところは小さな祠《ほこら》になっていて、隣にある岩穴が狐の巣跡とされています。なるほど、かつての王子の崖には、ところどころに巣穴があったのだろうな、と想像できます。それを王子稲荷がこんな風に残していてくれた、ということだけでうれしくなってきました。かく言う私も、最初の落語散歩は王子稲荷でした。その時に見たこの狐の岩穴こそ、私を落語散歩の楽しさに導いてくれたものと言えます。今日見ると、隣接してマンションが建ってしまい、ベランダに干した洗濯物が見えたりします。キツネの霊力もかなり減殺《げんさい》されていますが、当時はうっそうとした木々に覆われ、それこそ誰も訪ねてくる人はいませんでした。

落語散歩で食べ歩き

「王子の狐」には、もう一つの地名、というよりは店名が出てきました。キツネと一緒に二階に上がって一杯やったのが、扇屋という店でした。扇屋は慶安元年（一六四八）に創業したとされる実在の料理屋です。創業当時は、田舎の茶店同様だったと言いますが、次第に王子稲荷や飛鳥山散策のお客さんが立ち寄る立派な店になりました。私が最後に訪れた二〇〇〇年ごろは、音無川に面したところに店舗を構えていたのですが、花柳界のなくなった今は小さな屋台で商売をしています。玉子焼きが名物で、事前に予約しておくと、店オリジナルの釜焼き玉子を買うことができます。当主に代々伝わる秘伝の技で作った釜焼き玉子は、中央がちょっとくぼんだ大ぶりのベークドチーズケーキのような色と形をしています。切ってみると、甘い汁がしたたり本当のケーキのような味わいです。

突然立ち寄った今日は、釜焼き玉子は手に入りませんので、経木の折りに入った玉子焼きをお土産にしましょう。焼きたての玉子焼きの包みはほんわかと温かく、家に持って帰ったころには、折りは湯気でしっとりとしてきます。釜焼き玉子がホールケーキならば、こちらはロールケーキ。切ってみると、白身の層がくるりと巻いた断面が現れます。昭和に入ってからの口演でも、お土産を狙うキツネが硫黄の匂いを嫌うことから、玉子焼きのお土産には燐寸《マッチ》を添えたと語っています（八代目春風亭柳枝演「王子の狐」）。

こんな風に、落語に出てくる土地を見て歩くだけでなく、お店に立ち寄るのも落語地名歩きの楽しみの一つです。古典落語に登場するとなると、すでに百年以上、店を開いていることになります。ちょっと奮発して風情ある老舗の食べ物屋さんの逸品を味わったり、昔ながらの技で作られた舞扇、楊枝《ようじ》、鏝《こて》や刷毛《はけ》などの道具を目にするのも、家の中にこもっていたのでは得られない体験です。たとえ落語に出てこなくても、土地の人々に愛されている繁盛店も見つかります。気ままに楽しみましょう。

欲張らなくてＯＫ

実は、王子周辺は落語散歩の題材がたくさんあります。今日は落語散歩の初日です。そんなに欲張らずに、このまま帰っていっこうに構いません。もう一度、季節を変えて訪れる楽しみが残っていると思えばよいだけです。

たとえば、大晦日には関東一円のキツネが一カ所に集まり、身だしなみを整えて、王子稲荷に参集するという言い伝えがあります。黒々とした王子稲荷の森を見晴らす田んぼの中に、葉を落とした枝を怪しげにくねらせた、その名も〝装束榎《しょうぞくえのき》〟が立っており、そこに集まったキツネの周りにポッポッと狐火が灯《とも》るさまを、広重が浮世絵に描いています。ＪＲの線路をはさんだ王子二丁目に装束稲荷があり、境内には装束榎の碑や「王子の狐」に出てくる料亭（扇屋と海老屋）を詠みこんだ大田蜀山人《おおたしょくさんじん》の歌碑が見つかります。昨今では、大晦日の晩に、キツネの衣装をつけパレードをするイベントが開かれています。

二月の初午《はつうま》はお稲荷さんのおまつり。この日ばかりは境内が大勢の人であふれかえります。初午には、ふだんは秘蔵の鬼女の絵馬（柴田是真《ぜしん》画）が公開されます。四月は音無川をはさんだ飛鳥山の桜が満開になります。上野公園、隅田川とならんで、飛鳥山の桜は江戸時代から花見の名所です。夏は、王子稲荷の少し先にある名主《なぬし》の滝が、涼しげな水音を響かせます。雪が降れば、王子稲荷の森は真っ白に変わります。四季を通じて訪れたい場所です。一回で全部見つくしたとしてしまうのはもったいないくらいです。

落語散歩に決まったルールはありません。自分の感性で、好みのカフェにふらりと飛びこんだり、気になるところがあったら立ち寄ってみたりしてはいかがでしょう。王子には東京で唯一残った路面電車が通っています。車道の真ん中をあえぐように飛鳥山を上って行くチンチン電車は郷愁を誘います。都電に乗って遠回りして帰ってみるのも、思いがけない発見につながるかもしれません。

また来る日のために

次に王子を散歩するときのために、周辺の主な落語地名をまとめておきましょう。

飛鳥山は「花見の仇討《あだうち》」という噺に出てきます。江戸市民に開放された飛鳥山では、仮装したり踊ったり、思いっきり花見を楽しむことができました。王子は製紙業発祥の地でもあります。飛鳥山の上に、紙の博物館が移転しています。王子の製紙場は、東京名所として明治の新作落語にも出てきます。

六阿弥陀詣は、お彼岸の恒例行事で、「芝居風呂」という珍しい落語に登場します。豊島左衛門尉に嫁いだ足立姫が、嫁ぎ先と折り合いが悪く、とうとう入水してしまいます。それを悲しんだ父が、熊野で霊木を得て、名僧行基《ぎょうき》に刻んでもらったのが六体の阿弥陀仏。その六体の阿弥陀仏を安置する寺を順に参拝する習慣が六阿弥陀詣です。春秋のお彼岸のうららかな日に、遊山がてら連れだって回って歩いたようです。六阿弥陀の第一番、西福寺《さいふくじ》は王子駅から歩いて約一〇分。山門には関東六阿弥陀の文字が彫られています。境内には、高知民謡よさこい節のヒロイン、坊さんにかんざしを贈られたお馬の塚があります。

広重名所江戸百景「王子不動之滝」(ヘンリー・スミス『広重 名所江戸百景』岩波書店，1992年)

滝野川は紅葉の名所。石神井川に沿って落ちこむ不動の滝がありました。広重の浮世絵では、那智《なち》の滝を思わせるような大滝に描かれています。滝不動尊が残っていますが、もう滝をイメージすることはできません。「滝の川」という新作落語（鶯亭金升《おうていきんしょう》作）で、このあたりの景色を想うしかありません。

王子のあたりには、これだけたくさんの落語地名があります。落語のストーリーに沿って歩くのもいいですが、さまざまな落語に登場する場所を地域別にまとめて歩くという、散歩の楽しみ方もありそうです。

◉「王子の狐」の散歩ルート
王子駅―王子神社―**王子稲荷**―**扇屋**―王子駅。
徒歩約一・五キロメートル、所要約一時間。

コラム　変わり種の乗り物

旅行先では、その土地オリジナルの食べ物にびっくりしたり、珍しい景色に目を見はったりすることがあります。一風変わった乗り物を体験するのも、旅の楽しみの一つです。いい年をした大人が、乗り物で喜んでいるのも恥ずかしい限りですが、子どもも大人もみんなが笑顔になれればいいじゃないですか。そんな、日ごろ見なれない乗り物をいくつかご紹介します。

【斜行モノレール】　ケーブルカーのような外観で、ゆっくりとレールを上り下りしています。人が乗れるミカン山リフトのようなものです。王子駅から見える、カタツムリのようにずんぐりした乗り物もその一つで、飛鳥山に登るのでアスカルゴという愛称がついています。電車に乗っていても、アスカルゴを見て、あれ、という反応を見せる人がいますので、大人も興味津々なのかもしれません。

【路面電車】　トラムと言えば、これからのエコな乗り物です。車掌が発車の合図にチンチンとベルを鳴らしたものでした。東京には、王子を通る一系統だけ残っています。函館、富山、広島、松山、長崎など、路面電車が元気な町は、それだけで魅力ある町に思えてきます。

【リニアモーターカー】　東京と名古屋を一時間で結ぶ、未来の乗り物の印象が強いリニアモーターカーは、すでに二〇〇五年の愛知万博の時に、会場へ向かう鉄道として開通しています。線路から浮上して走るため乗り心地はいいのですが、実は、自動車以下の速さです。

【ホバークラフト】　こちらもエアホッケーのパックのように空中を浮上して走ります。昔の図鑑に載っていた〝未来〟の乗り物です。国東《くにさき》半島にある大分空港と対岸の大分市とを、海を越えて結んでいました。実際に乗ってみると、ブオブオとすごい音を立てて走ります。二〇〇九年に残念ながら廃止され、今は営業路線はありません。

【スカイレール】　何と説明していいか、よくわからない乗り物です。ロープウェイのような形をした客車が、自分がぶら下がっているレールをガシッとつかむと、移動しはじめるものです（写真）。広島県の瀬野駅から、山上の住宅地へ向けて運行されています。

【ガイドウェイバス】　これも日本で一カ所だけ、名古屋郊外を走っている乗り物です。普通のバスが専用の高架道に入ると、車体の横から飛び出した車輪で進行方向が決まるようになります。運転手はハンドルから手を放したまま、狐拳《きつねけん》の庄屋のような格好で運転するので、ちょっと奇妙な見た目です。

2　点から線へ――宮戸川

落語散歩の二回目は、「宮戸川《みやとがわ》」という落語。タイトル自体が地名になっています。寄席で演じられるのは、以下のあらすじに書いた前半部までです。そこまで聴いただけでは、なぜ「宮戸川」というタイトルなのかわからないままでしょう。前半部は、お花半七《はんしち》のなれそめを描いています。ちょっと色っぽい演出ですが、艶笑落語と呼ぶほどではなく、草食系男子の走りのような半七のウブな反応に頰がゆるみます。後半部では、夫婦になったお花が殺され、宮戸川（浅草あたりの隅田川）に投げこまれるというシーンが出てきます。人情噺でよくある展開なのですが、前半のほのぼのムードとは打ってかわって、殺伐とした噺になるため、今日の寄席で演じられなくなったのも当然といえます。

「宮戸川」のあらすじ

小網町《こあみちょう》に住む質屋の一人息子の半七、将棋にはまって夜遅くなり、父親に締め出しを食ってしまいます。幼なじみのお花ちゃんも、友達とカルタ取りに夢中になって、やっぱり締め出しを食べてしまう。半七が霊岸島《れいがんじま》の伯父さんの家に泊まりに行こうとすると、お花も一緒に連れて行ってくれと無理なお願い。

「ついてきちゃダメですよ。伯父さんは早合点で有名なんですから。あなたみたいな娘さんを連れてきたら、どんな勘違いするかわからない」。お花を巻こうとダァーッと駆けだすと、半七を追い抜かんばかりに軽々とついてくる。「もお、ついてこないで。お花さんだって親戚の家があるでしょ」、「でも、ちょっと遠方なの」、「どちらなんです？」、「肥後の熊本」――。「熊本でも何でも行けばいいじゃないですか。そんなに足が速いんですから」。

夜中にドンドンと戸をたたかれ、伯父さんは小言たらたら。「また将棋でしくじったか。たまには女でしくじってこい。あれ?」。半七の後ろに娘さんの姿を見つけると、うんうんとうなずき、二人を家の中に引っぱり上げてしまう。「さあ、どうぞお二階へ。さあさあ、世話が焼けてならねえ。半七、このはしごは取っちまうぞ。言っとくが布団はひと組しかないからな」、と勘違いもはなはだしい。

「お花さん。この布団の真ん中に帯をおきますから、こっちへ入って来ちゃいけませんよ。そっちが日本橋で、こっちが京橋ですから」。「ばあさん、若い者は気が早い。京橋だの日本橋だの、もう籍の相談だ」。そのうちに、雨がザーッと降りだして稲妻がピシィッ。「半ちゃん、怖い」。思わずお花は半七にかじりつく。お花の髪の油の匂いがぷぅん……。

ちょっと、あらすじが長くなりすぎました。

点から線へ

最初に紹介した「王子の狐」では、王子稲荷のように、ランドマークと言えるはっきりした目標物がありましたので、下調べなしで王子駅に行っても大丈夫でした。ところが、今度の「宮戸川」では、いくつかの地名が出てくるものの、ここへ行けばよいというポイントはありません。自分で探すしかなさそうです。お花と半七が駆けぬけたのは、小網町と霊岸島との間。

落語を聴いていれば、東京の町なかということはわかりますが、いったいどれくらいの距離があるのでしょうか。ちょっと地図の下調べが必要そうです。

見つかりましたでしょうか。小網町は東京都中央区にあります。日本橋川の北岸に沿って、江戸橋あたりから鎧橋《よろいばし》、茅場橋《かやばばし》を越えて、首都高向島線にぶつかるあたりまでの細長い町です。最寄り駅は、地下鉄の人形町駅が便利そうです。もう一つの霊岸島という町名は現在はなくなっています。日本橋川の南側、小網町の南東にあたる四角い島状の土地、住所で言うと新川一・二丁目が霊岸島にあたります。二つの町の最短距離は二〇〇メートルほどしかありません。たしかに走って行けそうな近さです。

スタート地点である小網町と、点と言うにはちょっと大きすぎるゴールの霊岸島が見つかりました。点と点が見つかれば、あとはどう線として結ぶか。そして、それぞれの町で何を見るかです。たとえば、信号機の下に示されている交差点名を確認して終わりとしてもよいのですが、それではちょっと味気ない感じです。いくつもの標識を見るだけでは、信号機の点検に歩いているようです。もう少し、その町らしい特色あるものを見つけたい気がします。ここから先が、歩く人の個性、感性、そして運勢の出番になります。百人百様の落語散歩です。

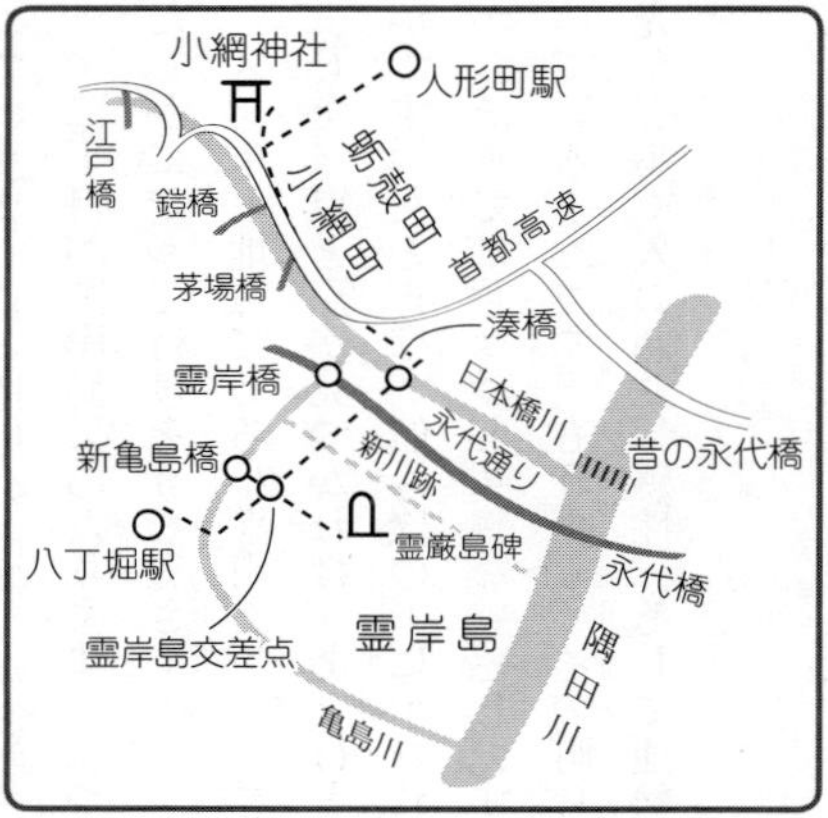

きょろきょろ歩こう

地下鉄の人形町駅から地上に出ると、人通りの多いのにびっくりします。ずうっと商店街が続いており、勤め人や地元の方、行楽に来たような人々が入りまじり、大いににぎわっています。安産の神様の水天宮《すいてんぐう》や、お芝居の明治座も近く、おいしい食事の店もずらりと並んでいます。落語にまつわる土地も、このあたりにはたくさん残っています。代表的なものをあげると、先ほどの水天宮さん（「船徳《ふなとく》」）、伝馬《てんま》町《ちょう》の牢屋敷跡（「帯久《おびきゅう》」）、芸者さんで知られる浜町《はまちょう》（「夢金《ゆめきん》」）、浜町の清正公《せいしょうこう》さん（「清正公酒屋」）などがあります。

甘酒横丁を西へ進むと、すぐに歩道にずっと延びる行列に出くわしました。人形町の名店、シャモ料理の玉ひでに、開店前からランチの親子丼を待つ列ができています。今日は、寄り道したいのをぐっと我慢して、やり過ごしましょう。三ブロックほど行った交差点の角に、クジラが海面から顔をだしたオブジェがあったのに気づきましたでしょうか。文楽人形をあやつるのに、弾力のあるクジラのひげは欠かせないものでした。近くにあった浄瑠璃芝居小屋や、人形町の名前の由来ともなった人形職人がいたことを記念して造られた彫刻です。

以前は、装飾のついた何本ものエンタシス状の柱が目を引くいかにも重厚な建物がありました。斬新な洋風建築が明治七年(一八七四)に建てられて以来、東京名所となってきた東京穀物商品取引所です。かつて、ここで米の競《せ》りが行われ、米商町《こめやまち》として知られていました。住所は日本橋蛎殻町《かきがらちょう》です。粋な名前ですね。蛎殻町とか小網町とか、かつて、このあたりが海に面していて、漁業で生計を立てていたことをうかがわせます。

さて、いよいよ日本橋小網町に入りました。このあたりに来ると、観光客の姿は全くなくなり、ビジネスマンの歩く町になっています。もし、今日が日曜日ならば、ずいぶん寂しい町だと感じるのではないでしょうか。コーヒーショップも閉まっていますし、日曜日の営業を始めましたというコンビニの貼り紙にびっくりするかもしれません。小網町の名がつくものは、住所表示や、日本橋川に面した児童遊園がありました。

案内看板があった小網神社に行ってみましょう。地価の高い日本橋、ごく小さな境内ですが、木造の神楽殿が町のシンボルになっています。祭神はお稲荷様と弁天様で、日本橋七福神の一つ、福禄寿でもあります。まゆ玉でできたおみくじが並んでぶら下がっています。神楽殿といい、かわいらしいまゆ玉といい、そこには江戸の風が吹き残っているような気がします。小網町のポイントは小網神社で決定です。

日本橋川に沿って南東へ進むと、ビルの壁にかかった羽釜のマークが見えました。西の亀屋、東の釜屋と称された釜屋もぐさの本社ビルです。亀屋の方は、滋賀県米原市の柏原にあり、「亀屋佐兵衛」という落語になっています。釜屋は万治二年(一六五九)の創業、テレビコマーシャルも打っている近代的な経営です。落語では、「こび茶」という珍しい噺に一回だけ出てきます。

日本橋川に架かる湊橋を渡ると、片側三車線の広い通りに出ました。永代《えいたい》通りです。もちろん、昔はこんな広い道のはずはなく、交通量の増加とともに拡幅されたものです。もう一ブロック進むと、ちょっと奇妙な感じがする交差点に出ました。ビル一つ分くらいしかない幅の町を挟んで両側に道がずっと続いています。なんでこんなに道の間隔が狭いのでしょうか。実は、ここにはもともと新川という堀割が通っていて、それを埋め立てたところが細長い街路となったのです。新川を通って船で運ばれた酒が陸揚げされる河岸が並んでいました。先ほど渡った日本橋川の河口部は新堀と呼ばれ、新川新堀はセットのように落語に出てきます。たとえば、「長者番付」という落語で、売り惜しみする田舎の造り酒屋をけなす場面では、「新川新堀に来てみろ。軒並み酒屋だ」と江戸っ子がタンカを切っています。今はそんな面影もなく、幅の狭いことを除けば、いたって普通の町です。

もう一ブロック進むと、霊岸島交差点に出ました。これまで、霊岸島らしいものが何も見つからなかったので、信号機の下の霊岸島の文字がキラキラ光って見えるかもしれません。カメラを持っていれば、ここで一枚写真を撮りたくなります。でも、背景はビル群と急ぎ足で歩く背広の人たち。北の方に橋が見えます。他の方向よりも雰囲気がいいのですが、残念ながら北向きだけは霊岸島の看板がついていません。霊岸島の文字と橋とをセットにした写真は撮れませんでした。

気を取りなおして橋に行ってみると、たもとに新亀島橋と書かれた銘板がはまっていました。通常の四角いプレートではなく、波の模様の中に毛筆体で橋名が描かれた、凝ったものです。最近の橋のデザインは、こんな風に画一的でないものも増えてきています。橋の真ん中の部分が、少し川にせり出していて、欄干には鋳物のレリーフがはまっていました。東側は廻船が大川を上るさま、西側は河岸に酒樽を荷揚げしている様子が描かれています。残念ながら霊岸島を代表する図柄ではないですが、新川の項目に使えそうです。亀島川の向こうには、隣の橋、さらに奥には水門が見えます。日本橋にも水門なんてあるんですね。よく見ると、水門の上に東京スカイツリーのアンテナが頭を出しています。新川のレリーフ、水門、東京スカイツリーを一緒に収めた写真を撮って、一つの収穫となりました。

隣に見える橋の胴体には、霊岸橋と書いてあるではないですか。霊岸島交差点よりは、川をへだてて島に渡る霊岸橋の方が、ずっと島らしいポイントのようです。さっき、ちゃんと見ておけば良かったのにと、ちょっと後悔します。元気が余っていれば戻りましょう。今日は、橋を途中で引き返し、東南の方へもう少し歩いてみます。

先ほどまで歩いていた大通りにくらべ、道幅は狭く、両側には古本屋やすし屋などの個人営業の店が目立ちます。右側に小学校、左に公園の四つ角に来ました。小学校はかなり期待できます。古い地名のままの学校名を守っていたり、沿革を示した碑を見つけることもあります。北側の角が曲面を描いた、とてもモダンな印象の校舎です。残念ながら学校名は明正小学校となっており、校庭へ入ることもできませんでした。しかし、左側の公園も期待大です。公園には句碑・歌碑や、その土地の名士の銅像が立っていたりします。また、もともとその土地にあった寺院や神社の奉納石燈籠などが、そのまま残されていることもあります。何もなくても一休みするのにうってつけです。

石碑を発見

公園の名前は越前堀児童公園といいます。残念ながら霊岸島公園ではありませんでした。ゾウの噴水のあるプールやブランコ、すべり台など子どもたちのための遊具が置かれています。ベンチに休んでいるのは、ワイシャツの袖をたくし上げたサラリーマンが目立ちますが。

入ってすぐに、黒地に白抜き文字の看板が立っていました。教育委員会が建てる説明板のフォーマットです。駆け寄ってみると越前堀跡と記されていました。この地に中屋敷を構えていた越前福井藩松平家の堀割のことで、霊岸島の説明板ではありませんでした。大名屋敷ではちょっと堅すぎます。ラジオ体操発祥の碑とか、貯金奨励記念塔とか、ちょっとユーモラスなものならばよかったのですが。

あれ、公園の隅っこに石碑があるではないですか。しかも、隷書体というのでしょうか、習字の展覧会で見かけるような独特の書体で〝靈巖島之碑〟と彫られています。ビンゴです。霊岸島を表すのにこれ以上のものはありません。

この碑だけは道路に背を向け、公園の中の方に向いて立っています。先ほど〝運勢〟と書きましたが、道路から石碑の後ろ姿を見かけたとしても、見過ごしてしまったかもしれません。裏面に細く彫られた文字を見ると、〝昭和五十二年　靈巖島保存会〟とあります。篤志家が建てたものです。昭和五二年(一九七七)以前に訪れた先達は、これを目にすることはなかったのです。これも、一つの時の運です。

この石碑、もちろん私やあなたがはじめて〝発見〟したものではありません。そこを訪れる人に知らせることを目的として、あえて置いたものです。とはいえ、「宮戸川」と関連づけて、この碑をながめる人は多いとは思えません。自分の中で、〝見つけた！〟の気持ちがあれば、それで十分です。オリエンテーリングやスタンプラリー、アトラクションの宝探しは、〝置かれた〟ものを見つけるものです。それでも、ポイントにたどり着けばうれしいもんです。ましてや、落語散歩は参加者の少ないリアルな宝探しです。いつかきっと、本当に初めての発見にぶつかることを請け合います。

ところで、気になるのは、碑面の霊巌島と霊岸島の違いです。まさか、石碑が間違えたはずはないので、何かいわれがありそうです。霊岸島には、江戸初期に霊巌上人の開基になる霊巌寺というお寺がありました。明暦の大火によって万治元年(一六五八)に隅田川をはさんだ深川(江東区白河一丁目)に移転しています。

落語には「岸柳島《がんりゆうじま》」という話があります。私たちになじみ深い「巌流島」と書くこともあります。剣豪佐々木小次郎(巌流)が、しつこくからんできた対戦相手を島に置き去りにしたという故事が、噺の由来になっています。岸の柳の方が落語らしくてよいではないかと三遊亭圓《えん》朝《ちよう》が言ったと伝えられています。いかめしい霊巌よりも、霊岸の方が粋だと思ったのかもしれません。

浄土宗道本山霊巌寺は、深川でも指折りの大きな寺で、老中松平定信《まつだいらさだのぶ》の墓(国史跡)もあります。江戸六地蔵の一つである青銅製の丈六《じようろく》地蔵が、門前で笠をかぶった姿で出迎えてくれます。関東十八カ所の浄土宗の修行寺を順に唱えて行く「十八檀林《じゆうはちだんりん》」という落語でも、深川霊巌寺が一三番目に登場します。

川は流れ、橋は移る

先ほど永代通りという大きな道路を渡りました。永代橋に通じているので、永代通りと呼びます。今日は、霊岸島から八丁堀駅へ出ますが、永代橋を渡って深川や霊巌寺へ出るのも面白いルートです。ちょっと珍しい落語ですが、「永代橋」という題の噺もあります。文化四年（一八〇七）の深川八幡の祭礼の混雑で、永代橋が落ちて多数の死者を出した事故をふまえています。大家の太兵衛に、事故で死んだことにされた不運な店子《たなこ》の武兵衛さんが主人公です。

大型トラックや自家用車がひっきりなしに通る永代橋を渡りながら、昔の木橋は人の重さだけで壊れたのかと川面をながめていると、やや違っています。当時の永代橋は、ここより二〇〇メートルほど上流に架かっていました。箱崎と深川佐賀町とを結んでいたものです。

こんな風に、橋は時代とともに場所を移したり、新しく増えたりします。江戸時代には、隅田川に架かっていた橋は、架橋順に千住大橋《せんじゅおおはし》、両国橋（大橋）、新大橋、永代橋、吾妻橋《あづまばし》（大川橋）の五つしかありません。時代とともに橋の数は増え、図1のように、今は人が渡れる橋だけでも、下流側から勝鬨橋《かちどきばし》、佃大橋《つくだおおはし》、中央大橋、隅田川大橋、清洲橋《きよすばし》、蔵前橋、厩橋《うまやばし》、駒形橋、言問橋《ことといばし》、桜橋、白鬚橋《しらひげばし》、水神大橋、千住汐入大橋《しおいりおおはし》が加わり、橋で川が埋まってしまうのではと

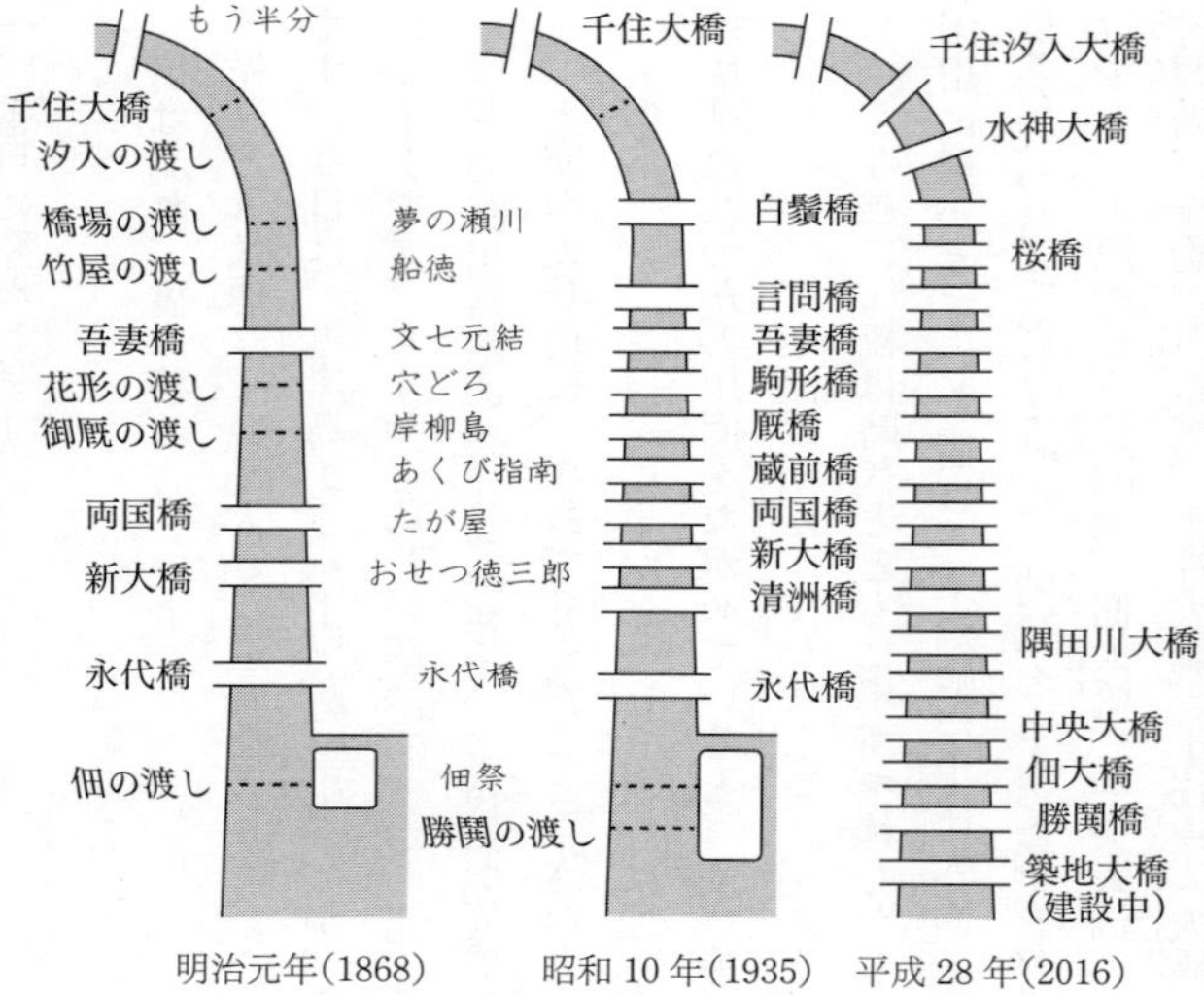

図1　隅田川の橋と渡しの変遷

思うほどのラインナップとなりました。図には、橋のほかに、落語に出てくる主な渡船と、落語の演題も書いてあります。武士の出てくる「岸柳島」「たが屋」「文七元結《ぶんしちもっとい》」や、明治維新後にも設定できる「船徳《ふなとく》」「あくび指南」などが一緒に書かれています。昭和初年には、主な橋が出そろい、隅田川からほとんどの渡船が消えています。落語といえども、時代設定は大事ですね。

もう一つ気づくのは、他の橋にくらべ、新大橋がずいぶんと両側の橋に近い場所に架けられたことでしょう。隣接した橋を必要とした江戸の交通事情が見て取れます。他の橋にくらべて整備が遅れ、明治になって鉄橋に架けかえられた順番も最後でした。その旧新大橋の端っこ部分は明治村（愛知県犬山市）に移され、今も渡ることができます。

なお、先ほど渡った日本橋川に架かる湊橋は、幸いなことに江戸時代からあったものです。偶然ですが、お花半七と同じ道を通って来られたわけです。

京橋に日本橋

〝京橋〟だの〝日本橋〟だのというのは、川に架かっている橋の名前ではありません。今の東京が二三区などからなっているのは、誰でも知っています。隣接する川崎にも区があります。神奈川県川崎市川崎区など、全部で七つの区から成り立っています。東京の場合だけは、東京都千代田区とか新宿区とか、東京市がつかず、特別な扱いになっています。現在の形に再編されるまで、東京も東京市でした。「宮戸川」が描いているのは、京橋区と日本橋区があった東京一五区の時代だとわかります。両区の境い目は先ほど渡った日本橋川です。お花さんが横になったのが帯の向こう、小網町のある日本橋区、半七の寝ていたのが霊岸島のある

京橋区。めでたく結ばれることになった二人は、果たしてどちらに籍を入れたのでしょうか。

◉「宮戸川」の散歩ルート
人形町駅―蛎殻町―**小網町**―新川あと―**霊岸島**―八丁堀駅。
徒歩二・五キロメートル、所要約一時間。

コラム 看板ににやり

町歩きをしていると、奇抜なオブジェや変な看板に出くわすことがあります。ほとんどは、宣伝効果をねらって作ったものでしょうから、あれ？　と思わせたのは、作り手側の思惑どおりでしょう。

お店の看板で、「じゅげむ」はよく見かけます。徳島県に「たの久」があったのも、落語というよりは、民話から

つけたのだと思います。作り手がねらっていないにもかかわらず、落語っぽい看板を見かけると、にやりとしてしまいます。「宮戸川」の散歩でも、そんな看板を霊岸島で見つけました。写真をご覧になって、いかがお感じでしょうか。

落語「かつぎ屋」の中で、年始の挨拶に来たお客さんの帳づけをする場面があります。フルネームで言わずに、三河屋の久兵衛さんなら〝三久《さんきゅう》さん〟と略せと、御幣《ごへい》かつぎの旦那に小言を言われ、小僧さんが言ったのが、天満屋の勘兵衛、略して天勘さん。

こちらは天ぷら屋さんですから、毎日、油で苦労して、お次は油苦だと、あまりの落語との一致に、思わずカメラを向けた次第です。

3　上方と江戸――桜の宮

「宮戸川」のような東京を舞台とする噺ばかりが落語ではありません。関西には、大阪や京都を舞台にする上方落語があります。落語の発祥は上方だ、東京で演じられているほとんどの落語は上方をルーツとする、という説もあります。「王子の狐」も、上方では「高倉狐」といいます。上方落語に対して、江戸や東京で演じられてきた落語を、ここでは〝東京落語〟と呼ぶことにします。東京落語と上方落語の同じ演目を聴きくらべ、読みくらべすれば、一つの噺を二倍楽しめることになります。とはいえ、実際には上方落語を収めた本の数は、東京落語にくらべてずっと少ないのが現状です。残念ながら「高倉狐」を収めた本はありません。

上方落語は、戦後の一時期、古参の演者がつぎつぎと亡くなり、滅びる寸前の危機を迎えました。六代目笑福亭松鶴《しょうふくていしょかく》や三代目桂米朝《かつらべいちょう》ら、後に四天王と呼ばれる若手が、古人の記憶や記録をもとに上方落語をみごとに復活させました。しかし、一度失われた財産はなかなか取り戻せません。そのため、近ごろは東京落語を逆輸入し、舞台を上方に移した上方版を作り上げるケースも見られます。

ここで取り上げる上方落語「桜の宮」の東京での演題は、「花見の仇討」と言います。この噺は、江戸時代の戯作者、滝亭鯉丈《りゅうていりじょう》の滑稽本『花暦八笑人《はなごよみはっしょうじん》』を焼き直したものです。堅いことはさておき、「桜の宮」の散歩と出かけましょう。せっかく行くのでしたら、桜の花が咲いている時季を強くおすすめします。これまでの二題と違って、訪ねる季節が限定されるため、かなりハードルが高くなってきましたね。

それでは、「桜の宮」のあらすじから。

「桜の宮」のあらすじ

気の合った仲間連中四人が、花見の趣向で仇討のまねをすることにした。松さんが敵役《かたき》の浪人、寅はんと喜《き》いさんが敵討ちの巡礼兄弟、定《さだ》はんが諸国納経の六部《ろくぶ》と役が決まった。仲裁役の六部が仇討の場に割って入り、笈櫃《おいびつ》から酒や三味線を出してわっと騒いで、「あら洒落やった」と種明かしする段取り。割り台詞や立ち回りの稽古をして準備万端。

翌日、笈櫃を背負って桜の宮に向かう定はん、途中で叔父さんに捕まり、家へ引っぱり込まれてしまう。これは花見の趣向だと説明したいのだが、あいにく、叔父さんは耳が遠く、字も読めない。

巡礼兄弟の方は、無事に桜の宮に着いている。そこへ西国あたりの二人連れの侍が、寅はんに煙草の火を借りにきた。脇で立ち回りの稽古をしていた喜いさんの仕込み杖がキラキラっと光った。芝居の小道具とも気づかず、仇討なさるとは武士の鑑《かがみ》だと、侍たちはしきりに感心して立ち去って行く。

そこへ浪人役の松さんが煙草の火を借りに来た。これがきっかけで、敵討ちの名乗り合い。チャンバラがはじまった。大騒ぎの群集を見て、先ほどの侍たちが助太刀に割りこんできた。「ええい、その浪人は隙だらけだ。突きなされ、斬りなされ」。じれったくなった侍が、今にも斬りかかろうとすると、三人とも刀をかついで逃げだした。追いかける侍。綿入れの裾につまずいた松さんの襟髪をとっつかまえて、「逃げるとは卑怯な奴」。侍の一人がもう一人に、「御同役、犬侍に傷はござるか」、「傷はござらん。して御兄弟は」、「両人とも傷はござらぬ。無傷ならば勝負は五分だ」。「いえ、六部が参りません」。

ルートをチェック

仇をつけねらう巡礼兄弟と、討たれる浪人が同じ道を行くのはまずいと、桜の宮へは別ルートを取ります。このあたりが、上方落語の芸の細かいところ。速記を引用してみます。

松さんは、難波橋を北エ突当り寺町を東エ源八の渡しを越えて桜の宮へ、寅はんと喜いさんは松屋町を北エ天神橋の南詰東エ八軒家を通って土手下から、京橋を東へ越え、備前嶋《おなり》橋を東へ網嶋を通って桜の宮へ

（五代目笑福亭松鶴「桜の宮」『上方はなし』下巻、三一書房、一九七二年）

今回は大阪遠征ですので、あらかじめ地図を下調べしておきましょう。浪人の松さんは、大川（淀川）を二回渡る時計回りアプローチ、寅はんと喜いさんの巡礼チームは、反時計回りにアプローチしています。やはり小ぶりの川を二回渡るようです。行きは松さんルートで桜宮を参拝のあと、帰りは巡礼と一緒に南へ逃げ帰ることにしましょう。

桜宮へ

旅のスタートは、地下鉄の堺筋本町駅《さかいすじほんまち》としました。地上に出ると、背後に要塞のような長いビルが横たわっています。高速道路下を店舗で埋めた船場《せんば》センタービルです。五車線に拡幅された一方通行路である堺筋を北へとり、難波橋《なにわばし》へ向かいます。道修町《どしょうまち》の角、ビル群にあってひときわ目立つ黒壁の蔵造りは、〝ボンド〟で有名なコニシの元社屋です。松さんが渡った江戸時代の木橋は、一筋西の難波橋筋に架かっていました。石造のライオンが四隅を守る難波橋は、時代や場所が移っても大阪を代表する橋に変わりありません。

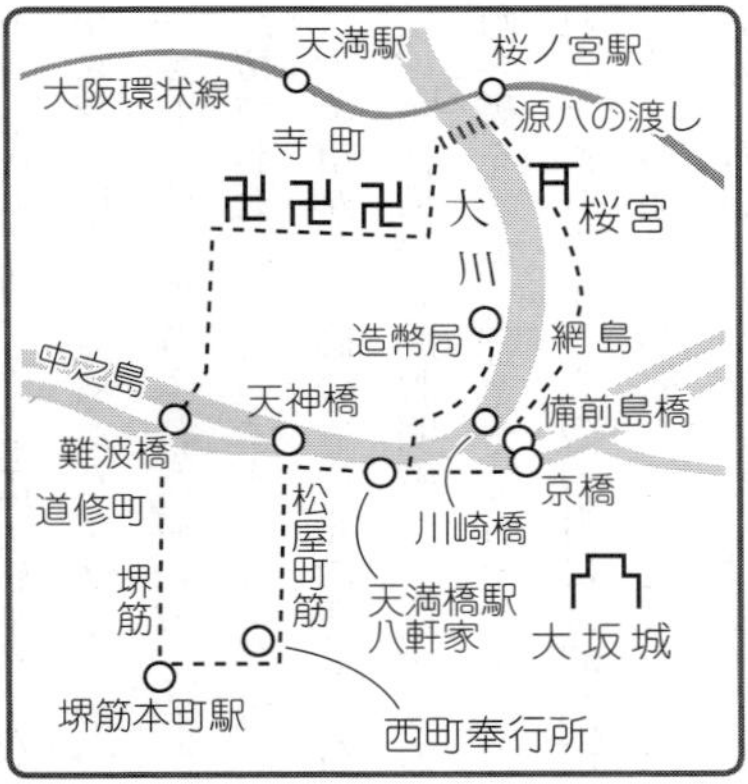

中之島は江戸時代から東へ延びつづけ、今は天神橋の下まで来ています。かつての中之島の先端、山崎の鼻は難波橋の西にありました。さらに難波橋まで延びた埋め立て地を〝風邪引き新地〟と呼びました。鼻の先からハナが出たというシャレです。

中之島をはさんだ土佐堀川《とさぼりがわ》、堂島川《どうじまがわ》に斜めに架かる難波橋を渡り、堀川を埋め立てた上を通る阪神高速道路に沿って北へ進みます。堀川に架かっていた樽屋橋の親柱が二本、無造作に置かれています。寺町橋あとを西へ行けば、太融寺《たいゆうじ》（「吹替息子」）、円頓寺《えんどうじ》《えんとんじ》（「さぎ取り」）、かしく寺（「大阪名所夫婦喧嘩」）など、落語にゆかりのある寺がありますが、東側は残念ながら落語地名は見あたりません。かつての与力町《よりきまち》をかすめ、大川端へでました。ここで景色が一変します。ありふれた言い方ですが、ピンク色の刷毛でさあーっと刷いたように、淀川両岸が桜でおおわれています。「桜の宮」への期待が大きくなってきます。

大阪市が源八橋《げんぱちばし》のやや北に建てた石碑で、源八の渡し跡の位置関係がわかりました。大阪市は、角柱型の史跡説明碑や、栓抜きのような穴の開いた板碑に金属製の説明文をはめこんだ旧町名碑を数多く建ててくれています。碑文を読むと、昭和一一年（一九三六）に源八橋が架けられたとあります。大阪の町には堀割が縦横に走っており、荷車を引いて高い橋を渡るよりも船で荷を運ぶことが盛んだったのですね。源八橋を渡れば、桜宮はもうすぐです。巡礼兄弟よりも先に着いておかないといけません。

あたりには、ラブホテルが目立ちます。人目をはばかるように、桜宮の裏門からそっと入ります。境内はさのみ広くはありませんが、色とりどりの桜の花でいっぱいです。濃く赤いぽってりした八重の花をびっしりつけた枝が重たそうです。両岸の雑踏にひきかえ、桜宮を訪れる人は少なく、ゆっくり花見を楽しめます。と、意地を張っても数分で見尽くしてしまいました。巡礼チームのルートを逆にたどって戻ることにしましょう。

網島の名から、近松門左衛門の『心中天網島《しんじゅうてんのあみじま》』、小春と紙治こと紙屋治兵衛《かみやじへえ》との心中を思い出す方も多いでしょう。お地蔵さんの形をした紙治小春の供養塔は、大長寺（都島区中野町二丁目）に残っています。藤田財閥の美術館や日本庭園の太閤園など、ちょっと豪華な施設の間を通って行きます。ほどなく、電車の高架道につきあたりました。鯰江川《なまずえがわ》を埋めた跡地の京阪本線の高架です。備前島橋（御成橋）は、鯰江川の河口部、淀川に注ぐあたりに架かっていました。もちろん、川がない今は橋もなく、殺風景な地下道で線路をくぐります。つぎは、二本目の川、寝屋川《ねやがわ》になります。寝屋川に架かる京橋の上におおいかぶさる長大な歩道橋が南へずうっと延びています。京街道の出発点であった京橋に接しているのに、大坂橋と名づけられています。この高い橋の上は、大阪城の天守閣を望むベストポイントです。

ここから西へ七〇〇メートル、土手下から天満橋を過ぎた永田屋昆布店の前に八軒家の碑が立っています。「胴乱《どうらん》の幸助《こうすけ》」が三十石船に乗って京都へ向かったのが、この八軒家船着場です。近ごろ整備された八軒家浜は、大川をめぐる水上バスの発着所にもなっています。水都大阪、川からながめる両岸の桜は、落語「百年目」を地で行く気分でしょう。

天神橋南詰めを左折すれば松屋町筋です。玩具屋街で知られた通りも、北浜のあたりは、特に個性がありません。四車線もの一方通行路を、堺筋とは逆向きの南へ向かって車が流れています。落語にはもうこの先のルートが書いてありません。六〇〇メートルほど行ったマイドームおおさか（中央区本町橋）のあたりが西町奉行所跡です。例によって、大阪市の石柱も立っていますが、忘れてならないのは、義侠天野屋利兵衛《あまのやりへえ》の巨碑でしょう。『忠臣蔵』で赤穂浪士に武器を調達した、天河屋《あまかわや》（天野屋）の邸宅がこのあたりにありました。ここまで来ればあと一息、三時間のロングウォークも終わりです。堺筋本町駅にもどってきました。

造幣局の通り抜け

これで桜宮への一周散歩を終えたのですが、長く歩いたわりには、何かちょっと物足りない気がしませんか。そうです、大阪の桜と言えば、造幣局の通り抜けですよね。先ほどの散歩の途中、備前島橋のところから、人道橋の川崎橋を渡れば造幣局はすぐでした。せっかくですから、もう一度地下鉄に乗って、天満橋駅から大阪造幣局へ向かいましょう。

ふだんの日でも敷地内にある造幣博物館を見学することができるのですが、桜の見ごろの時季を選んで、一週間だけ大阪造幣局を南北に貫く通路が開放されます。造幣局の南門から北門へ一方通行で見物するため、通り抜けと呼ばれています。明治一六年（一八八三）にはじまった通り抜けは、関東地方のニュースでも紹介される、春の風物詩となっています。

造幣局へ向かう行列が天満橋駅の出口までつながっています。先ほどの閑静な桜宮がウソのように、道ばたには露店が立ちならび、海外からの観光客もたくさん見られます。桜と言えば薄桃色のソメイヨシノを思い浮かべてしまいますが、造幣局で見られるのは大手毬《おおでまり》、黄桜など、紅から浅葱《あさぎ》色まで色とりどり、すらりと伸びた白い花びら、数十枚もの菊花のような花弁を集めたものなど姿かたちもさまざまです。シートを敷いて酒盛りすることはできませんが、桜見本園のような、こんな花見のしかたもあるのですね。「荒川の桜」という落語(一四二頁)で描かれる荒川堤由来の関山《かんざん》、白妙《しろたえ》、松月《しょうげつ》などの種類も造幣局に保存されていました。

花見の仇討

上方落語の「桜の宮」は、東京では「花見の仇討」と言います。ここで、二つの落語をくらべてみましょう。古くからの型を壊すことなく伝えた八代目林家正蔵《はやしやしょうぞう》の口演から。傍線部が、上方落語との違いが目立つところです。

花見の趣向で見物人をびっくりさせてやろうと、飛鳥山で仇討の茶番をすることに決めた。深編笠の浪人者が、飛鳥山の一番目立つ桜の木の根方で待っている。やってきた巡礼兄弟が煙草の火を恵んでくれと頼むと、「ささ、お点《つ》けなさい」。火玉を地面に転がす。はっと見上げると、父を殺した黒煙五平太《くろけむりごへいだ》。「親のかたき～」。真剣での立ち回りに見物人が大騒ぎ。そこへ六部が割って入って、笈櫃から酒、三味線を出す、という趣向だ。

気が短い浪人者の金さんは早めに飛鳥山に着いて煙草をふかしている。六部がおばさんの家に三味線を借りに行くと、おじさんが強引に引きとめた。巡礼の方は、歩きながらの稽古に夢中で、侍を泥杖でひっぱたいちまった。無礼打ちになりかけたところ、仕込み杖が鞘走ったのを見とがめて、侍の態度が一変する。「かかる泰平の御代に敵討ちとはあっぱれ。我々も助太刀をいたそう。お急ぎなされ」。

広い飛鳥山、巡礼は浪人に気づかない。「お〜い。ここだよーぅ」。敵討ちがはじまった。そこへ最前の侍が通りかかり、「助太刀いたすぞっ」。刀の下げ緒を解きはじめた。「それ、逃げろ〜」。「これ、逃げるには及ばんぞ。勝負は五分と見えた」、「肝心な六部が見えません」。

上方落語の方が舞台どりがずっと細かく、歩き甲斐があります。東京の方は、ルート違いではなく、時間差攻撃で、巡礼と仇とのニアミスを避けていました。今では差別的だと指摘されそうですが、東京落語には、江戸時代のしきたりがきちんと描かれています。

落語歩きのアプローチ

これまで、三つのストーリーに出てくる落語地名を歩いてみました。このようなストーリー別散歩のほかに、落語歩きには地域別、網羅式の三通りのアプローチがあると考えています。

これを、一枚の絵をしあげることにたとえてみます。ストーリー別アプローチは、木や湖、そこに浮かぶボートなど、パーツを一つずつ描いて行くようなものでしょう。背景が描かれなくても絵になります。それに対して、地域別アプローチは、ジグソーパズルのようなものです。

一つ一つのピースは色や形が完成していますが、それだけでは何の絵であるかわかりません。たくさんのピースがつながり、次第に絵らしくなってきますが、真っ白に抜けているところも目立ちます。最後の網羅式はプリンターで絵を印刷するようなものでしょう。プリンターのノズルが、カンバスの端からくまなくインクを吹きつけて行くにつれ、帯状に美しい絵が現れて行きます。プリンターが働くためには、印刷すべき絵の設計図が用意されている必要があります。落語地名のデータベースや綿密な探訪プランが設計図にあたるものになります。

そもそも人間は、何か描きたいものがあって絵を描くのでしょう。点描法といった特殊な技法もあるようですが、描きたいものを描いて行く、ストーリー別散歩が人間的な行為なのは言うまでもありません。網羅的ローラー作戦は、もはや趣味ではなく、作業の世界です。

趣味としての楽しさ、純度の高さでは、ストーリー別散歩に勝るものはありません。しかし、何回か散歩を重ねるうちに、同じ場所を何度も訪れることになりかねません。あとで後悔することがないよう、一度にもれなく見ておきたいという気持ちもわかり

ます。遠くに旅に出たときは、地域別アプローチになりがちです。旅のメインになるストーリーをお供に決めた上、サイドディッシュ的な落語をちりばめるのが、無難そうです。プランを立てすぎると、ちょっとメニュー消化型におちいりそうなところは、きょろきょろとアンテナを広げて、現場で面白そうな物件に近づいてみるのはいかがでしょう。

◉「桜の宮」の散歩ルート

堺筋本町駅―**難波橋**―寺町―**源八の渡し**あと―**桜宮**―**網島**―**京橋**―**八軒家**あと―西町奉行所あと―堺筋本町駅。
徒歩約八キロメートル、所要約三時間。

コラム　寿司は大阪

「江戸っ子だってねえ、寿司食いねえ」。いいセリフです。江戸前寿司は江戸の華です。けれども、この浪曲(清水次郎長伝)の名台詞は、次郎長の代参で金比羅詣りを済ませた森の石松が乗りこんだ三十石船での会話です。残念ながら石松が食べていたのは、江戸前のにぎり寿司ではなかったようです。

大阪には、寿司の名店がいくつも残っています。石松になったつもりで、さあさあ、寿司食いねえ、食いねえ。

【箱ずし】木枠にシャリを敷き、色とりどりのネタを乗せて、ぐっと押しをかけた押し寿司です。ネタは、玉子と海老、昆布じめの白身魚、焼穴子、鯛といったところです。カラフルなネタ、スパリと切った断面の白、お盆の黒がみごとにマッチします。天保一二年(一八四一)創業の箱ずしの老舗、吉野寿司(中央区淡路町)で味わえます。店頭には、近松門左衛門『冥途の飛脚』の梅川忠兵《うめがわちゅうべ》衛《え》ゆかりの淡路町碑が立っています。

【小鯛雀鮨】承応二年(一六五三)創業の大阪随一の老舗、すし萬(西区靭本町《うつぼほんまち》)が小鯛雀鮨を扱っています。三枚におろした小鯛の身を塩と酢でしめ、くるりとご飯をくるんで、押しをかけたものです。一本でも思い切って買うような値段です。小桶に入ったものを求めに来るのはどんな方でしょうか。

【雛寿司】　中央区道頓堀一丁目のビルの二階に入っていますが、歴史は古く、文久三年（一八六三）の創業です。店内に一歩入ると周囲の喧噪がウソのようです。店名にもなっている雛寿司は、マグロ、海老、穴子などが、親指の頭と言っていいほど、小さく丸く作られています。巻物も極細サイズです。道頓堀の芝居町にも近く、芝居見物のお嬢さん方がおちょぼ口でも食べられるようにと、こんなかわいい握り寿司が生まれたということです。

【蒸し寿司】　落語によく出てくる道頓堀の丸万《まるまん》は、うどんが一番有名です。うどん屋以外にも、寿司屋、カマボコ屋、鰻屋などがありました。蒸し寿司は冬の食べ物。丸万寿司の店頭におかれた蒸籠《せいろ》から、ぽっぽと蒸し寿司の湯気が立っていたのですが、惜しくも閉店してしまいました。色鮮やかな錦糸玉子や海老、椎茸などの具材の取り合わせが、食欲をそそります。

第2章　ぐぐっと落語と歩こう

前章では、気ままにふらりと落語と散歩しようと書いてきました。おそらく、何回か落語散歩をするうちに、だんだんにもっとたくさんの場所を見てみたいとか、もれなく落語に登場する場所を歩いてみたいという欲が出てきたかと思います。交通費をかけて、わざわざ遠くへ行くこともあるでしょう。そのためには、あらかじめ行きたいところを下調べしたり、旅行の計画が必要になってきたりします。ときには、趣向をこらした旅をすることもあろうかと思います。こんな風に、これまでよりもぐぐっと深く、こだわるところはこだわって歩いてみようというのが、この章です。

もれなく歩くには、もれなく調べておくことが必要です。旅に出たい気持ちをぐっと押さえ、まずは、数字に表わされた落語を下調べしてみましょう。かなり助走が長くなるかもしれませんが、その方が大きくジャンプすることができます。どうぞ、おつきあいをよろしくお願いします。

1　計量落語学？

コレクター心理

どなたも、小さいころに何かを集めた思い出があるのではないでしょうか。たとえば、お菓子のおまけだったり、モンスターのカードだったり、おもちゃのメダルであったりと、大人の目から見たら、いったい何が楽しいのかというようなものも、夢中で集めたものです。ところが、その熱が冷めてしまうと、今まで大事にしてきた宝物が、急に色あせて見えたりもしました。大人でも、あるいは、大人だからこそ、切手、コイン、フィギュアなどのコレクションに、時間とお金をかけている方がいるのだと思います。

普通、コレクションにあたっては、カタログやリストを参考にすると思います。カタログを見て、こんなにそろってきたとか、あれだけはどうしても欲しいとか、自分のコレクションの位置づけができます。コレクションの全体像や、アイテムのレア度などが見えることで、コレクションの意欲を刺激したり、コレクターの間での競争意識が生まれてきたりします。スタンプラリーなどは、その辺のコレクター心理をうまく突いた商法といえます。

落語地名の場合も、その全体像や地域分布などがはっきりすると、探訪者の数が増えるのかもしれません。落語散歩は商売とは無関係ですが、各地を旅する人が増えれば、地域への経済効果や活性化にもつながるでしょう。事実、駅や観光地などの訪問と携帯アプリとがリンクした位置情報連動型ゲームも人気のようです。もっとも、落語散歩にそんなメジャーな誘引力があるとは思えませんが……。

とにかく、まずはコレクションのカタログ作りのために、落語速記や落語地名を数えてみましょう。結果を図示することで、別の言い方をすれば、〝見える化〟することで、新しい分野が開けるきっかけになるかもしれません。たとえば、計量落語学とか落語地理学という分野があってもいいのではないでしょうか。

それでは、落語地名はいったい何カ所くらいあるのでしょうか。日々新作落語が生まれる中で、どうやって落語地名の数をかぞえることができるのでしょうか。

「鹿政談」という落語の中に、奈良のシカの数をかぞえた者は長者になるという話が出てきます。生まれたり、死んだり、迷子になったりするシカの数を正確にかぞえることは、どだい無理な相談です。落語地名もそれと同様、日々の高座でその日のニュースの話題が出たとしても、かぞえられるはずもありません。私の場合は、第二次世界大戦後から、西暦二〇〇〇年末までに出版された落語を含む書籍を対象として、その中に出てくる地名を数えました。これがマイルールです。調べる範囲を雑誌や新聞、ＣＤや放送録音まで増やしたならば、登場する地名の数はもっと増えたはずです。それではキリがありません。いつまでも地名を数えているだけで終わってしまい、せっかくの楽しい落語散歩に出ることができません。

書籍を対象にしたもう一つの大きな理由は、重要な落語速記が戦後に次々と復刊されたことにあります。明治時代から戦前にかけて、『百花園』や『文芸倶楽部』といった雑誌に良質の落語が速記として掲載されています。これらの雑誌に載った多くの落語が、戦後復刊されました。また、「怪談牡丹燈籠《ぼたんどうろう》」や「真景累ヶ淵《しんけいかさねがふち》」といった今でも演じられる人情噺を多く創作した三遊亭圓朝の個人全集も戦後に出版されています。つまり、戦後の書籍をくわしく調べれば、古典落語はほぼ網羅することができます。一方、日々新しい作品が生み出され続けている新作落語については、残念ながら、そもそも全部をカバーすることはできません。コレクター心理としては、手をつけにくいものです。新作落語を切り捨てたり、軽んじたりしているわけではありませんが、新作落語は、生もの、集めておけないものと、そう割り切ることにしました。

落語速記のバリエーション

それでは、戦後の落語速記本の数、そして、そこに載っている落語速記の数を見てまいりましょう。

まずは、年次別に落語速記が載った本が何冊でたのかを図にしてみました。速記を含む関連

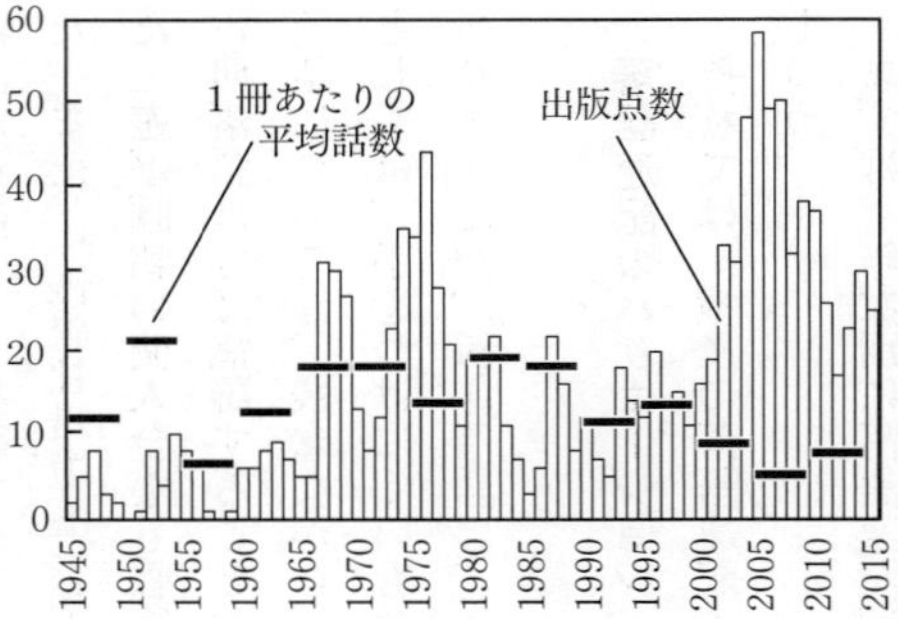

図2　速記本の年次別出版点数

書籍の出版点数は、おそらく世の中の落語ブームを反映したものだと考えられます。戦後しばらくは、笑いに飢えていても、どしどし出版できるような社会環境ではなかったはずです。高度成長期、一九六七年と一九七五年ごろに二回のピークがあります。この頃の一冊あたりの収録話数は一五席前後でした。シリーズものの出版も多く、テレビ・ラジオでの落語の露出と出版とが一致した時期でした。

それから二〇年間もの谷間の時期を経て、二〇〇二年ごろからふたたび落語書籍の出版ラッシュがはじまります。寿限無《じゅげむ》ブームが起きたのが、二〇〇二年ごろからです。なお、図2は、落語関連本全般の出版点数ではなく、落語速記を収める本の出版点数を示しています。それでも、最盛期には年間六〇冊近く、実に月平均五冊も〝速記本〟が出ています。一方、一冊の収録話数は五話ほどに下がっています。重厚な全集ものの企画が減り、手軽な入門書などの出版が増えていることと対応しています。落語作品を読むための本ではなく、落語を紹介する本の付録的に落語速記があしらわれている状態です。

落語ファンの財布のヒモはそんなにゆるくはありません。この出版ラッシュも二〇〇五年をピークに下降線をたどり、二〇一二年には、全盛期の三分の一の年一六冊までに出版点数が減りました。二〇一四年に再び高くなっているのは、三種類のシリーズものが企画されたためです。今後の動向は予想できませんが、娯楽の多様化や、手軽に楽しめる携帯文化の広がりから考えても、落語速記をじっくり読もうという動きが高まるとは考えられません。

長井好弘の『新宿末広亭のネタ帳』(アスペクト、二〇〇八年)は、計量落語学のはしりとも言える本です。寄席で毎日演じられた演目は、ネタ帳と呼ばれる和綴じの帳面に記録されます。『新宿末広亭のネタ帳』は、その名のとおり、新宿末広亭に保存されたネタ帳の内容を、七年間にわたってデータベース化したものです。七年間で演じられた落語の総数は、六万一七七五件にもなります。これだけの数があると、演目別、演者別など、さまざまな切り口で料理することができます。ここでは、口演数の多いベスト30を、書籍での収録数とくらべてみたいと思います(表1)。なお、おもに東京落語がかかる新宿末広亭の口演数とくらべるため、上方落語は表の集計から除いています。

戦後(一九四五—二〇〇〇年)の五六年間には約九二〇〇件、二〇〇一年から二〇一五年までの一五年間でも三〇〇〇件近い東京系落語の速記が出版物に収録されています。二〇世紀では、「粗忽《そこつ》長屋」「王子の狐」「芝浜」がベスト3ですが、飛びぬけて多く掲載された落語はありま

表1　収録数・口演数の多い落語演題

書籍での収録数 (1945-2000)			(2001-2015)		寄席での口演数 (2001-2007)	
順位	演　題	件数	演　題	件数	演　題	件数
1	粗忽長屋	64	饅頭怖い	42	子ほめ	1486
2	王子の狐	56	寿限無	40	替り目	1350
3	芝浜	53	芝浜	32	たらちね	950
4	船徳	52	時そば	31	真田小僧	950
5	饅頭怖い	52	死神	27	初天神	886
6	粗忽の使者	49	粗忽長屋	23	桃太郎	794
7	道具屋	49	猫の茶碗	22	親子酒	739
8	小言幸兵衛	44	目黒のさんま	20	手紙無筆	706
9	出来心	44	転失気	19	長短	646
10	明烏	43	あくび指南	17	転失気	643
11	岸柳島	43	厩火事	16	粗忽の釘	618
12	寝床	43	火焔太鼓	16	時そば	612
13	元犬	43	元犬	16	強情灸	605
14	湯屋番	43	岸柳島	15	不精床	593
15	火焔太鼓	41	初天神	15	金明竹	581
16	紙入れ	41	宿屋の富	15	寿限無	539
17	三軒長屋	41	粗忽の使者	14	権助魚	520
18	寿限無	41	ぞろぞろ	14	紙入れ	515
19	厩火事	40	化物つかい	14	狸札	513
20	つるつる	40	文七元結	14	やかん	509
21	目黒のさんま	40	明烏	13	宮戸川	491
22	らくだ	40	あたま山	13	道具屋	489
23	付き馬	39	王子の狐	13	家見舞	485
24	道灌	39	お化け長屋	13	牛ほめ	485
25	富久	38	権兵衛狸	13	小言念仏	481
26	長屋の花見	38	皿屋敷	13	看板のピン	468
27	錦の袈裟	38	道具屋	13	つる	467
28	二十四孝	38	ろくろ首	13	鰻屋	464
29	野ざらし	38	子ほめ　他3席	12	道灌	464
30	五人廻し　他2席	37			饅頭怖い	422
全1782題9216件			全1062題2736件		全61775件	

寄席での口演数は，長井好弘『新宿末広亭のネタ帳』による．2001-2007年の7年間，新宿末広亭での口演記録(ネタ帳)から集計したもの．

せん。これが、二一世紀に入ると、「饅頭怖い」「寿限無」「芝浜」の順になり、特に最初の二題はずぬけた収録数です。二〇〇二年からはじまった「寿限無」ブームに便乗した子ども向けや入門書に、「饅頭怖い」などの軽い落語を好んで掲載したことが理由だと考えられます。こわい噺なら「死神」、武士の出る落語なら「目黒のさんま」といったように、パターン化された演目が選ばれる傾向にあるようです。

寄席の場合は、限られた持ち時間でまとめられる「子ほめ」「替り目」に「たらちね」「真田小僧」が同数でベスト3入りしました。しばしば高座にかかるのに速記が少ない落語は、「手紙無筆」(三件。戦後全期間、以下同)、「長短」(七件)、「権助魚」(四件)、「看板のピン」(四件)の四題です。第1章で取り上げた「宮戸川」は、二〇〇〇年までには二六件とかなりの数がありましたが、二〇〇一年以降は五件しかなく、今後の先行きが心配な演目です。

もう一つ気がかりなのは、廓噺《くるわばなし》の減少です。二〇〇〇年までは、盛んに掲載されていた「明烏《あけがらす》」「付き馬」「錦の袈裟」「五人廻し」といった廓噺が、二〇〇一年以降はさっぱり演じられなくなっています。江戸時代を舞台とする落語でも、今でも感覚的には理解できるのですから、廓噺も残っていてもいいはずです。遊廓が廃止されて六〇年あまり、全盛期の吉原や新町《しんまち》を知らない落語家では、落語のリアリティを出すために必要な〝八〇パーセントの本当〟が感じられなくなってきているのでしょうか。

表2　寄席での口演が少ない落語演題

演　題	寄席での口演数 (2001-2007)	書籍での収録数 (1945-2000)	(2001-2015)
石返し	0	11	3
近江八景	0	4	1
菊江の仏壇	0	1	0
鍬潟	0	10	2
ざこ八	0	4	1
紫檀楼古木	0	12	2
大仏餅	0	7	4
搗屋幸兵衛[1)]	0	8	2
一つ穴	0	11	1
坊主の遊び	1	17	3
高尾	1	4	2
首提灯	1	20	7
備前徳利	1	3	1
猫定	1	3	0
帯久	1	3	2
なめる	1	32	3
尼寺の怪	1	0	0
柳の馬場	1	6	1
宗珉の滝	1	2	1
松曳き	1	16	3
囃子長屋	1	2	1
稲川	1	3	0
後家殺し	1	2	0
今戸の狐	2	19	3
百年目	2	18	2
木乃伊取り	2	16	3
花見酒	2	27	4
首ったけ	2	16	3
ふたなり	2	7	2
鉄拐	2	9	5
五人廻し	2	37	7
御慶	2	21	2
言訳座頭	2	12	2
風の神送り	2	7	0

1)「小言幸兵衛」で集計したものから「搗屋幸兵衛」を抜き出した.

表2には、寄席で演じられなくなった落語について、速記掲載数と対比してまとめました。

『新宿末広亭のネタ帳』では、地味で損な噺を演じる人が減り、わかりやすくてよく受ける手軽な噺が増えていると述べられています。「首提灯《くびぢょうちん》」「なめる」「花見酒《はなみざけ》」「五人廻し」といった、本の中では常連だった落語が、高座にかからなくなってきています。七年間では百日もあったはずのお花見の時季に、「花見酒」が二回しか演じられないとは、まさに驚きです。書籍の中でも、演目の多様性が失われつつあります。最近出た本では、二〇〇〇年までに演じられた噺がどんどんと見られなくなってきています。

特定の演目に集中する傾向は数字でも確かめられます。上演数ベスト30の演目の登場回数の全体に占める割合を計算すると、速記(二〇世紀)は14%、速記(二一世紀)は20%、寄席は32%となりました。二日間寄席に通うと、五分五分の確率で同じ話を聴くはめになる勘定です。違うコンビニで日替わり弁当を買ったのに、同じおかずが入っていたような気分です。多様性の低下が、寄席ばなれの原因にならないとよいのですが。

落語地名はどれくらいあるか

愚痴っぽい話はこれくらいにして、いよいよ落語地名の数を見てゆきましょう。地名をピックアップした速記の多くは落ちのあるいわゆる落語でしたが、一部は三遊亭圓朝の作品のような人情噺と呼ばれる長編落語が含まれています。第5章で述べるように、騒人社《そうじんしゃ》と講談社(当時は大日本雄弁会講談社)から戦前に出版された落語全集は、戦後に部分的に復刊しているため、オリジナル作品として例外的に集計に加えています。その代わり、同じ速記を利用した後代の本はカウントから除外しています。それ以外にも、集計にあたって行った処理がいくつかありますが、詳細は省略します。

県別に詳しく見るのはあとにして、まずは総数を見てみましょう(表3)。東京と上方の古典落語、新作落語(東京・上方の合算。以下同様)の三つに分けて数えています。地名の総数は東京落語が最も多く、上方落語は新作落語の半分しかありません。その理由の一つは、先ほどもふれたように、速記として残された上方落語の演題数が五〇〇題ほどで、東京落語の一一〇〇題、新作落語の一三〇〇題とくらべて少ないことにあります。一席あたりの地名数にすると、東京落語が五・三、上方落語が五・七、新作落語が六・〇地点となり、ほぼ等しい数値となりました。なにげなく聴いている落語に、一席あたり五つほどの地名が登場しているのですね。また、落語に登場する地名をすべて寄せ集めると、ほぼ一万件にも及びます。

出版された演題数ではすでに古典落語の数を上回っているにもかかわらず、第3章で述べるように、書籍だけからでは演じられている新作落語全体の二割以下しかカバーできていません。新作落語に出てくる地名の総数は、すでに古典落語を超えているのかもしれません。新作落語の特徴として、海外の地名が多いなど、古典落語にくらべて地域の制約がなく、広くストーリー展開していることがあげられます。落語と旅するならば、新作落語を含めないと、なかなか全国を訪れる機会がないかもしれません。しかし、新作落語ばかりを深追いしすぎると、昔の人の暮らし方に共感したり、街道を一緒にテクテクと旅をした気分になるという、落語本来のほのぼのとした世界観が薄まってしまう心配があります。

表3　都道府県別落語地名数

都道府県	東京	上方	新作	都道府県	東京	上方	新作
北海道	134	6	43	京都	241	227	158
青森	12		13	大阪	162	762	368
岩手	12	1	7	兵庫	113	125	67
宮城	23	2	13	奈良	71	120	39
秋田	5	1	7	和歌山	32	47	28
山形	9		21	鳥取	6	3	2
福島	20	1	8	島根	9	3	16
茨城	131	4	24	岡山	27	6	11
栃木	90	6	38	広島	12	11	10
群馬	268	5	25	山口	16	18	28
埼玉	199	1	40	徳島	7	6	7
千葉	168	5	42	香川	11	13	8
東京	2944	86	1541	愛媛	8	2	7
神奈川	289	14	177	高知	2		6
新潟	56	3	32	福岡	21	9	17
富山	35	7	15	佐賀	11	6	3
石川	18	3	11	長崎	18	6	12
福井	6	2	8	熊本	29	8	7
山梨	64	3	23	大分	8	2	6
長野	124	10	27	宮崎	3	2	4
岐阜	45	5	18	鹿児島	12	7	14
静岡	168	22	96	沖縄	4	1	5
愛知	41	18	59	海外	298	64	439
三重	30	101	25	その他	127	53	122
滋賀	52	46	49	総計	6191	1853	3746

戦後から2015年末までに出版された書籍が対象.
ただし，戦前に出版された騒人社と大日本雄弁会講談社の落語全集は集計に含む．その他は，“関東”などの広域地名，架空地名，位置を特定できない項目を含む．

落語に一番多く出てくる地名は

ここで、ちょっと視点を変えて、落語への登場回数の多い地名をながめてみたいと思います。速記への登場総数ではなく、何種類の落語に登場したかという題数で表4にまとめました。全国レベルで見ると、江戸、東京、大阪、北海道などの、漠とした地名がめだってしまいます。東京と上方で一件も同じ地名がランクインしており、たしかに個性が少ない印象です。その中では、東京落語での筑波山(茨城県)、新勝寺《しんしょうじ》(成田のお不動さん、千葉県)、上方落語では熊野権現(和歌山県)、清水寺(京都府)あたりが、広域ではないピンポイントの地名でしょう。それぞれ、「がまの油」「寝床」「三枚起請《さんまいぎしょう》」「茶金《ちゃきん》」が、その地名が登場するおもな落語です。

東京落語では特別区(東京二三区)、上方落語では大阪市に限って集計してみると、個性ある地名が浮かび上がってきました。東京二三区では、登場頻度第一位の吉原(台東区)をはじめ、吉原の俗称である〝なか〟、大門《おおもん》、仲の町、日本堤《にほんづつみ》(吉原土手)、山谷堀《さんやぼり》と、六つも吉原関連の地名がランクインしています。江戸時代の吉原というと、歓楽の場というばかりでなく、文化人の社交場でもありました。とはいえ、ちょっと安易ではないかと思われるほど、吉原は頻繁に登場しています。稲荷だとだまされ初めて吉原に参籠する「明烏」や、町内そろって遊ぶ「錦の袈裟」、殿様のご本格遊びの「盃の殿様」、さらには「狸の遊び」や「大神宮の遊び」など、動物や神様も廓通いをしています。三位の品川(品川区)は東海道の宿場ですが、むしろ品川遊

表4　頻出落語地名の登場演題数

順位	東京落語 東京特別区		その他		上方落語 大阪市		その他		新作落語	
1	吉原	922	江戸	1347	船場	112	大阪	368	東京	265
2	浅草寺	474	東京	408	南	83	京都	186	江戸	160
3	品川	358	京都	361	道頓堀	65	東京	121	大阪	141
4	浅草	336	大阪	324	新町	51	伊勢神宮	103	吉原	94
5	なか	307	上方	253	上町	47	江戸	90	アメリカ	91
6	大門	268	唐土	177	天王寺	45	奈良	55	銀座	88
7	神田	252	富士山	169	天満天神	43	大和	48	京都	88
8	日本橋	243	横浜	139	北の新地	43	堺	46	新宿	66
9	本所	235	小田原	129	島之内	39	大坂	42	浅草	66
10	柳橋	232	信濃	105	大阪城	37	関西	39	横浜	63
11	向島	227	北海道	99	堀江	30	九州	39	日本橋	55
12	吾妻橋	206	中国	95	日本橋	28	伏見	38	上野	52
13	深川	188	筑波山	87	松島	28	和歌山	37	品川	52
14	両国	177	箱根	83	住吉大社	28	紀伊	36	九州	52
15	両国橋	152	箱根山	83	八軒家	27	上方	35	深川	49
16	上野	144	越後	82	難波	27	大津	32	フランス	48
17	仲の町	142	大坂	80	天神橋	26	熊野権現	29	中国	47
18	麴町	139	灘	80	難波橋	26	灘	28	イギリス	44
19	新橋	131	長崎	79	北	26	伊勢	27	北海道	43
20	日本堤	129	伊勢神宮	77	高津神社	23	淀川	26	富士山	41
21	蔵前	128	アメリカ	75	城の馬場	22	奈良の大仏	26	向島	36
22	大川	122	関東	74	堂島	21	池田	25	東京駅	33
23	雷門	109	新勝寺	74	天保山	21	祇園	24	浅草寺	33
24	新宿	105	鎌倉	70	天満	20	大川	24	神田	32
25	番町	101	紀伊	69	玉造	20	兵庫	24	関西	31
26	本町	100	神奈川	66	戎橋	20	清水寺	23	神戸	31
27	魚河岸	97	善光寺	65	大丸	19	丹波	23	名古屋	30
28	隅田川	96	名古屋	65	一心寺	19	枚方	23	熱海	29
29	千住	95	大和	61	丼池	18	明石	23	沖縄	29
30	麻布	93	大山	60	他5件		名古屋	22	ハワイ	28
30	山谷堀	93	陸奥	60					他2件	

対象とした書籍は，表3と同じ．

廓として、「品川心中」や「居残り佐平次《さへいじ》」などに登場します。そして遊びと言えば吉原、お詣りと言えば浅草の観音さまというほど、第二位の浅草寺(台東区)も落語によく出てきます。七位の神田は、長屋住まいの町人や職人が住む下町。八位の日本橋は商家が立ちならんでいたところ。それに対して一八位、二五位の麴町《こうじまち》、番町《ばんちょう》(ともに千代田区)は武家の住む山手地区です。ここが出てくる落語としては、「石返し」や「厩火事《うまやかじ》」があります。

他方、商家を舞台とすることの多い上方落語では、船場《せんば》が一位、島之内(ともに中央区)が九位の落語地名です。東京の吉原に対して、大坂は新町(西区)が官許の廓でした。しかし、その新町は四位にとどまり、むしろ北の新地《しんち》や南の盛り場や堀江、松島(ともに西区)といった私娼街が目立っています。ランク内の個性的なところとしては、広々とした城の馬場《ばんば》でたこ揚げする「初天神」、天保山《てんぽうざん》を目標に海を渡る「小倉船」、景色のよい高津《こうづ》神社の絵馬堂で若い男女が出会う「崇徳院《すとくいん》」などがあげられます。

新作落語では、アメリカ、フランス、イギリスの海外組や、熱海、沖縄、ハワイなどのリゾート感がある地名がランクインしています。東京駅や横浜、神戸など、江戸時代を舞台とする落語には出てこない地名も上位にいます。新作落語の場合、広く薄く、いろいろなところが登場する点が特徴と言えます。

落語地名の分布

ふたたび県別の地名数に話を戻したいと思います。東京落語、上方落語が、それぞれのホームグラウンドである東京・大阪の地名数が突出しているのは当然でしょう。それにしても東京だけで三〇〇〇件近い土地が登場するのは驚きではないでしょうか。

古典落語に出てくる地名を都道府県別にならべて図示したところ、地域性が浮かび上がってきました(図3)。上方落語の場合、東京都と近畿地方にほぼ分布が限られています。一方、東京落語では、関東地方のみに限らず、東海・近畿地方など、幅広い土地が出てきています。興味深いのは、近畿地方の場合、上方落語では大阪府を中心として、その周辺府県に山型の分布をとっているのに対して、東京落語では京都府を中心にした山型分布をとっています。江戸っ子にしたら、商都大阪よりも、一大観光地である京都へのあこがれが強かったわけですね。また、面白いことに、大阪府を除けば、両者の分布の形だけでなく登場件数までかなり類似しています。東京・上方で共通に演じられる落語には、同じ土地がでてくるということを示しているのでしょうか。

東京落語では、群馬県を中心とするもう一つの山を持っています。京都府、群馬県のように、核となる地域があると、その周辺地域に広がりを持つ、なめらかな分布になる傾向があるようです。群馬県の件数がピークとなった最大の理由は、三遊亭圓朝作の人情噺の多くが上州を舞

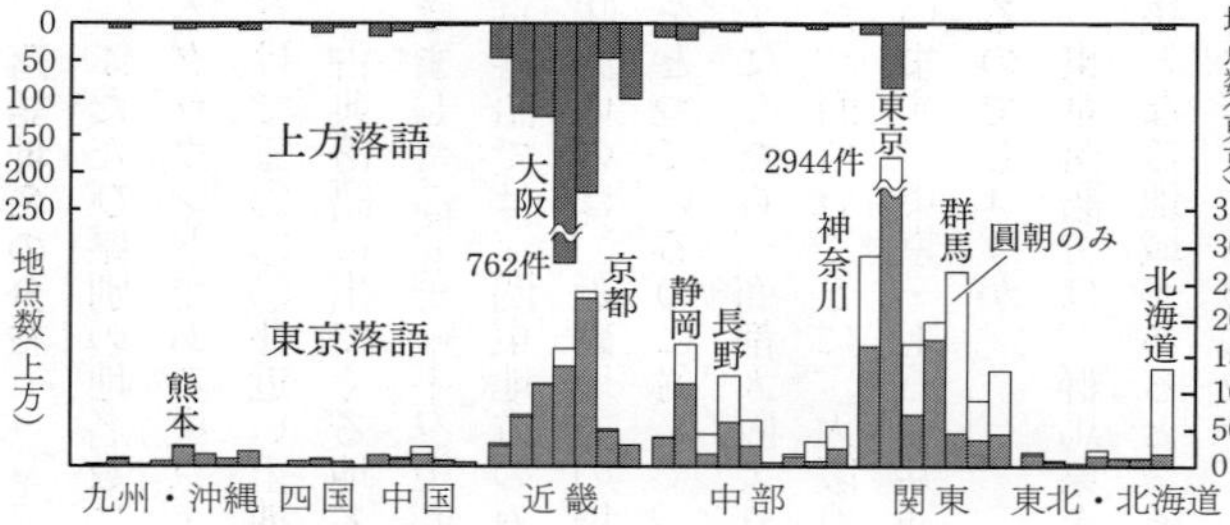

図3　都道府県別落語地名数(古典落語のみ)

台とするためです。図3の中で、圓朝作品にしか出てこない件数を白抜きにしてあります。群馬県に限らず、関東各県や北海道に圓朝作品の地名が多数あることがわかります。いかに圓朝という落語家が、これまでの落語地名の枠をこえて、幅広い土地を舞台とする作品を創作したかを示しています。なお、圓朝作品の地名については、第4章で詳しく述べたいと思います。

中部地方では、圓朝作品を除いてみても、長野県と静岡県の地名がたくさんの落語に登場します。神奈川県を含め、交通の要《かなめ》であった東海道や中山道が通っている地域が、落語の舞台になりやすかったことがわかります。なお、長野県は、善光寺を舞台とする「お血脈《けちみゃく》」や、山奥を舞台とする「そば清《せい》」「指仙人」といった落語にも登場しています。九州で熊本県がやや抜きんでているのは、「九州吹き戻し」という熊本県を舞台とする落語があるためです。

上方落語の大阪府と東京落語の東京都は、図3のグラフの枠をはみ出してしまいます。これらについては、別立てで区ごとに地図の上に図示しました（図4）。大阪市では、中央・北・天王寺・西・浪速区の五区で大阪市全体の落語地名の85％を占めています。そのほかでは、「桜の宮」がある都島《みやこじま》区、「東の旅」の奈良街道が通る東成《ひがしなり》区、住吉大社のある住吉区が目立つ程度です。集計した中には、平野区の地名が一件もありませんが、雑誌まで調べれば、「片袖」という古典落語で大念仏寺が登場します。旭区と西淀川区については、古い速記を見ても落語地名が見つかりませんでした。図4の地図には、大阪市内を通る大阪環状線を破線で示してあります。頻出地名ベスト30（同数があるため三四件）のうち、三二件が大阪環状線の内側に位置しています。上方落語の登場人物は、大阪環状線の内側約三〇平方キロ、とりわけ中央区の町内で活躍

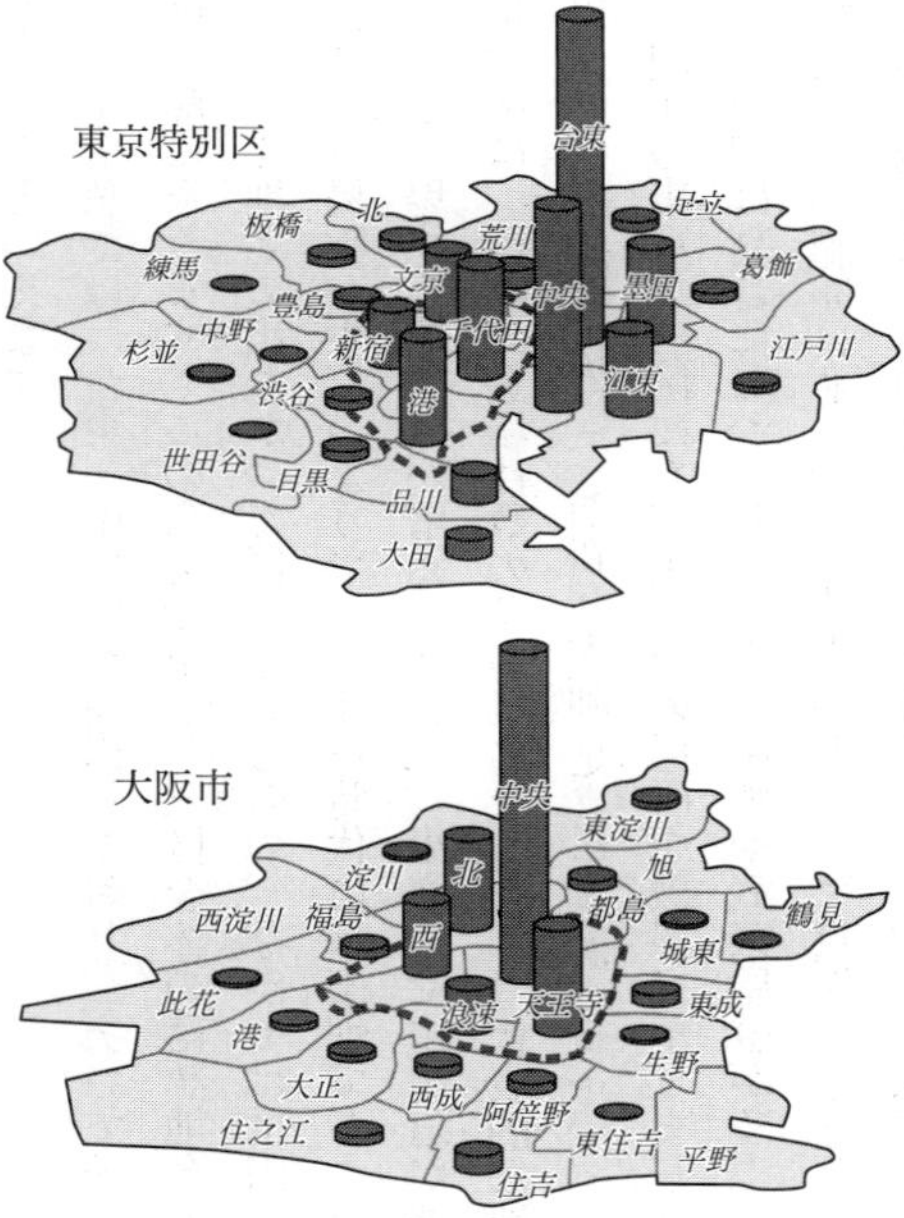

図4　東京23区と大阪市の落語地名の分布

しているといえます。

東京落語では、台東・中央区が突出しており、次いで千代田・港・墨田・文京・江東・新宿区の順になります。この八区で東京二三区全体の落語地名の89％を占めています。東京二三区で、全く地名の出なかった区はないものの、なかでは世田谷・中野・杉並・練馬区などの東京西郊の登場数が少ないようです。江戸時代には田畑であったこれらの区域も、新作落語まで加えると登場する地名数が増えてきます。東海道や中山道が通過していた品川・大田区、荒川・足立区は、比較的登場件数の多い区になります。代表的な地名に、鈴ヶ森（品川区）、本門寺（大田区）、小塚原《こづかっぱら》（荒川区）、西新井大師（足立区）をあげます。

図4の東京二三区にも、山手線の場所を破線で示しました。山手線とはよく言ったもので、その内側は高台になっており、大名屋敷や武家屋敷が多くありました。千代田・港・文京・新宿区がその範囲にあり、「三味線栗毛」や「首屋」のように、どちらかというと武張った噺に多く登場します。市井の人々が活躍するのは、山手線の東側の下町一帯になります。登場数トップの吉原にはじまり、第二位の浅草寺を通り、浅草から上野、神田と町人が活躍する町を抜けると、今でもデパートが建ちならぶ日本橋・銀座エリアに入ります。さらに新橋にいたる約一〇キロのライン、ちょうど地下鉄銀座線の沿線が東京落語のメインエリアにあたります。

時代かわれば名所もかわる

誰もが簡単に旅に出られない中世までは、まだ見ぬ想像上の名所に思いをはせつつ和歌を詠み、また、その見立ての巧みさが賞賛されました。リアルな旅の記録を残したのは、任地へおもむく国司や、戦場へ向かう兵士、遠国へ流された貴族の罪人、さすらいの歌人といった、特殊な人々が多く、庶民が旅するなど思いもよりませんでした。時代が下りますが、能の世界でも似たような状況です。遠く離れたところで、はるか以前に起きた出来事を亡霊が現れてもの語る、というパターンが多く、イベントが起きた山河を能のフィルターを通じて、簡素な能舞台の上に表現しています。実像をそのまま舞台に反映させるのではなく、想像力で色づけした虚像と重ね合わせています。虚数項を含む複素屈折こそが芸術の姿だと思います。

江戸時代になると、泰平の御代を背景に、庶民も旅を楽しむきっかけが生まれています。とは言っても、旅をするのは容易なものではなかったでしょう。今で言えば外国に行くのと同じで、パスポートに相当する通行手形をもらい、道中で盗まれないよう路銀を胴巻きにくくりつけて、明るいうちだけ旅をしたことでしょう。『東海道中膝栗毛』の爆発的なヒット、北斎・広重らの名所錦絵、各種の道中案内・名所図会の刊行など、旅の気運がいやでも盛り上がってきます。落語に描かれた旅ネタも、たやすく行けない場所を興味深く語る、現地ルポ的な要素をもっていたと思われます。

また、庶民の旅は、好むと好まざるとにかかわらず信仰を軸としたものでした。一生に一度はお詣りしたい伊勢神宮を筆頭に、善光寺、江ノ島、住吉大社、金刀比羅宮《ことひらぐう》(こんぴらさん)、宮島など神社仏閣への参拝が主目的になっていました。もちろん、日本三大遊廓の一つであった伊勢の古市《ふるいち》のように、参詣のあとの精進落としも大きな楽しみでした。次第に参詣は名目的な意味合いが強くなってきたことでしょう。しかし、明治以後も、参詣が旅の駆動力になっているのは間違いありません。事実、神社仏閣にむけて敷設された鉄道がたくさんあります。三系統もの私鉄が敷かれた讃岐のこんぴらさんをはじめ、成田山への京成《けいせい》線、伊勢への参宮線、出雲の一畑《いちばた》薬師へわざわざスイッチバックまでして立ち寄る一畑電車などなど、枚挙に暇《いとま》がありません。

落語に出てくる名所の言いたても、そのときどきの庶民の名所観を反映していると考えられます。ここで、「転宅」という落語を例に、時代とともにかわる名所観をくらべてみたいと思います。「転宅」では、忍びこんだ家に住むお妾さんに結婚しようと言われたのを真に受けた泥棒が、夫婦になったら一緒にどこへ旅行しようかと相談する場面で、たくさんの地名が出てきます。地名をあげるにつれて、次第にエスカレートしてゆくパターンなので、後半に行くほど飛躍がはげしくなり、ちょっと注意が必要です。

表5には、明治、大正、昭和戦前、戦後と発表時期の古いものから四件の「転宅」に出てく

表5 「転宅」にみる名所の変遷

1. 明治33年 初代三遊亭圓遊 単行本	2. 大正2年 4代目春風亭柳枝 雑誌	3. 昭和11年 3代目三遊亭金馬 雑誌	4. 昭和30年代 同左 放送音源
妾宅	妾宅	妾宅	妾宅
芝離宮など3件	↓	↓	↓
根岸の競馬など5件	横浜	横浜	横浜
程ヶ谷・戸塚・藤沢	鎌倉・江の島・藤沢	鎌倉・江の島	↓
大磯・小田原	小田原	↓	小田原
箱根	箱根七湯・旧道	箱根七湯	箱根七湯
伊豆	↓	湯河原	湯河原・伊豆山
↓	熱海	熱海	熱海
↓	修善寺	三原山の噴火口	修善寺など17件
三島	三島の明神様	↓	↓
沼津	沼津の公園	↓	↓
↓	静浦・興津	↓	↓
↓	静岡浅間様など5件	↓	↓
↓	豊橋・豊川様	豊橋・豊川様	↓
名古屋の金の鯱鉾	名古屋の金の鯱鉾	名古屋の金の鯱鉾	↓
↓	伊勢参宮	伊勢参宮	↓
↓	岐阜・大垣・養老の滝	↓	下呂
↓	近江八景	近江八景	↓
奈良の大仏	大和	奈良	↓
↓	京都	大阪・神戸	京大阪
新潟・松本・善光寺	↓	↓	↓
身延・七面山	↓	↓	↓
日光	↓	↓	↓
福島・磐梯山・東山	↓	↓	↓
仙台・松島	↓	↓	↓
小樽・函館	↓	↓	↓
↓	安芸の宮島	↓	讃岐の金比羅
下関	錦帯橋	↓	↓
九州・薩摩潟	九州・長崎	↓	九州
琉球	↓	↓	
朝鮮	朝鮮	朝鮮	
南京・ダッタン・台湾	満洲	満洲	
↓	ロシア・ドイツなど4件	ロシア・ドイツ	
↓	アメリカ		
大人国小人島	大人国・鬼ヶ島など4件		

1. 『落語名作全集』第5巻(立風書房, 1968年)(『圓遊落とし噺』上田屋より)
2. 『明治大正落語集成』第7巻(講談社, 1981年)(『講談倶楽部』3巻9号より)
3. 『昭和戦前傑作落語全集』第4巻(講談社, 1982年)(『富士』11巻9号より)

る地名をならべており、似たような地名は一括してまとめることで、横方向に対比できるようにしています。

最初の初代三遊亭圓遊の口演では、芝浦製作所や根岸競馬場など、明治の近代化によってできた新名所が取り入れられる一方、善光寺や松島などの伝統的な仏閣・名所もちりばめられています。最後は海外から架空の場所へ発散するパターンです。

四代目春風亭柳枝の速記からは、国威発揚型の地名は消え、神社仏閣がメインになっています。箱根旧道などへの回顧、養老の滝(岐阜県養老町)や錦帯橋《きんたいきょう》(山口県岩国市)などのややマイナーな名所があがりはじめました。奇観や伝説に興味が持たれた時代です。こちらも、海外から鬼ヶ島へ発散して終わるパターンでした。

三代目三遊亭金馬の戦前の速記では、地名の数は減っています。三原山火口(東京都大島町)への投身自殺やベルリンオリンピックなど時事ネタを織りこんでいます。同じ金馬のものですが、戦後の口演になると、ガラリと様子が変わった現代的な演出になります。徹底して伊豆の温泉めぐりでまとめているのです。聴衆に、ああ温泉行きてえな、と思わせるような語り口です。箱根の七湯《しちとう》、湯河原、伊豆山《いずさん》、熱海、伊東、峰、蓮台寺《れんだいじ》、今井浜、河津《かわづ》浜《はま》、湯ヶ野、修善寺《しゅぜんじ》、吉奈《よしな》、月ヶ瀬、嵯峨沢《さがさわ》、湯ヶ島、大仁《おおひと》、長岡、古奈《こな》温泉と、その物量に圧倒されます。その気になれば、日本全国自由にどこでも出かけられる時代では、観客の知らない情報で、お客の胸ぐらをぐっとつかむような演出が必要になったのでしょう。

それより後、一九七〇年ごろの当代柳家小三治《こさんじ》の速記(『古典落語(一)』角川文庫、一九七四年)では、泥棒の夢想のくだりはなくなっています。今、あえて再挑戦するとしたら、駅弁めぐりやご当地グルメでまとめるのが、一つのパターンではないでしょうか。たとえば、これまでは福井と言えば越前ガニがあげられていましたが、ソースカツ丼、おろしそばや鯖寿司弁当、へしこのお土産の方が興味を持たれるようになってきたようです。

2　道中付け――黄金餅

落語地名のリストもできあがりました。いよいよ落語散歩を再開しましょう。最初に歩くのは「黄金餅《こがねもち》」です。一九七三年に亡くなった五代目古今亭志ん生《ここんていしんしょう》の得意ネタでした。亡くなってすでに四〇年以上経ちますが、いまだに人気の衰えない昭和の大名人です。

「黄金餅」には地名がどっさりと出てきます。落語の筋には関係がないのですが、上野から麻布までのルートが、克明に唱えあげられます。道中付けと呼ばれる一連の地名の言いたては、聴いていても気分がよいものです。今回は「黄金餅」のルートをできるだけ忠実にたどりましょう。

なーんだ、「黄金餅」のルートなら俺も歩いたことがある、とおっしゃる方もあろうかと思います。ひとひねりして、落語と同じように、夜の「黄金餅」を歩いてみたいと思います。

「黄金餅」のあらすじ

下谷《したや》山崎町に住む願人坊主《がんにんぼうず》の西念《さいねん》、江戸中を物乞いして歩き、使うものも使わず、小金をためこんでいる。風邪をこじらせても薬も飲まず、もう虫の息。心配して見舞った長屋の隣人、金山寺《きんざんじ》味噌売りの金兵衛に、二朱のあんころ餅を買ってきてくれと頼む。金兵衛さん、そんなにたくさんの餅をいったいどうするんだろうと、壁の隙間からのぞいてみる。すると、西念は汚い胴巻きから二分銀、一分金をざらざらとこきだすと、餅に金を詰めては丸呑みしている。西念の奴、金に気が残って死ねないのだ。案の定、餅をのどに詰まらせて西念は絶命する。

何とかこの金を手に入れたい金兵衛、火葬したあと、金をひとり占めしてやろうと算段をする。翌日になったら長屋の連中の仕事に差しつかえるからと、夜のうちにみんなで西念の死骸を麻布絶口釜無村《ぜっこうかまなしむら》の木蓮寺に運びこんだ。木蓮寺の和尚、金目のものは全部酒に代えてしまって、寺にはなにもない。天保銭六枚で、いい加減な引導を渡され、和尚から焼き場の切手を手に入れる。ここからは金兵衛がひとりで西念の死骸を担いで、桐ヶ谷《きりがや》の焼き場に持ちこむ。順番があるのに、焼き場をとりしきる隠亡《おんぼう》に無理やり死体を焼かせると、骨上げを手伝おうとする隠亡をどやしつけ、金兵衛はまんまと西念の死に金をせしめる。この金を元手に目黒に餅屋を開き、たいそう繁盛したという。

悪人が成功

下谷の山崎町といえば、江戸の町きってのスラムで知られていました。そんな底辺に生きる男たちが、まっとうな生き方に描かれるはずがありません。西念の身体に金が残っていることを長屋の連中に黙っていたのは、金兵衛がひとり占めしたいというよりも、長屋の連中が知ったら西念の体はばらばらになってしまうからだと語らせています。普通の感覚ならば、死人から金を奪って商売をしても失敗すると演じるはずですし、さもなくば、商売ものの黄金餅と餅の中に詰めこんだ死に金とを結びつけて、これから起きる凶事を暗示させるような終わり方をするのが怪談噺の常套です。それを、まるでめでたい噺のようにまとめたのは、どういうことでしょう。人間の欲望をそのまま受けとめる落語ならではの考えなのか、生きていてなお地獄のスラムゆえの救済なのかもしれません。

「黄金餅」の作者は三遊亭圓朝です。当時支配的だった勧善懲悪の世界観にしたがった作品を多く作った圓朝が、こんな作品を生みだしたことも興味深いところです。

道中付けの心地よさ

それでは、志ん生の「黄金餅」の道中付けを見てみましょう。一九五九年九月一九日に演じられたもので、レコードやCDでも発売されています。

下谷の山崎町を出まして、あれから上野の山下へ出て三枚橋から上野広小路《ひろこうじ》ィ出まして、御《お》成街道《なりかいどう》から五軒町《ごけんちょう》へ出まして、そのころ堀様と鳥居様というお屋敷の前《まい》をまっすぐに筋《すじ》違御門《かいごもん》から大通りィ出まして、神田の須《す》田町《だちょう》へ出まして新石町《しんごくちょう》から鍛冶町《かじちょう》へ出まして今川橋から本白銀町《ほんしろがねちょう》へ出まして、石町《こくちょう》から室町《むろまち》ィ出まして日本橋をわたりまして通四丁目《とおりよんちょうめ》から中橋ィ出まして、南伝馬町《みなみてんまちょう》から京橋をわたってまっつぐに、新橋を右に切れまして土橋から久《く》保町《ぼちょう》へ出て、新《あたら》し橋の通りをまっすぐに、愛宕《あたご》下《した》ィ出まして天徳寺を抜けまして、神《かみ》谷町《やちょう》から飯倉《いいぐら》六丁目へ出まして、坂を上がって飯倉片町、その頃おかめ団子という団子屋の前《まい》をまっすぐに、麻布の永坂《ながさか》をおりまして、十番へ出まして大黒坂を上がって一本松から、麻布絶口釜無村の木蓮寺ィ来たときにはずいぶんみんなくたびれた。

（五代目古今亭志ん生、東京落語会、一九五九年）

志ん生の「黄金餅」の音源は三種類あり、どれも言いたてが少しずつ違っています。いちど、頭に入れた噺を、実際の高座ではフリーハンドで語るという、いかにも型にはまらない志ん生の天衣無縫さを示しているようです。

単純に地名を並べているように見えますが、おかめ団子の文句をアクセントに効かせていますし、おしまいのところ、葬列の一行がくたびれたにはびっくりします。長屋の連中が、わあわあ言いながら棺桶代わりの菜漬けの樽をかついで、はるばる麻布までやってきたことが、延々と地名を連ねてゆくことで生きてきます。

地名に限らず、何かのジャンルのものを、次々とならべてゆく、○○尽くしも、聴いていて楽しいものです。山尽くし川尽くし、地方の名高い特産物をならべてゆく名産尽くしなどが、落語に登場します。とりわけ、地名の連鎖は、空間の移動や時間の経過を表現する手法として、落語ばかりでなく、講談や浪曲にもよく出てきます。

善達《ぜんたつ》は大急ぎで舟からあがると、川崎鶴見で生麦子安《なまむぎこやす》で程ヶ谷《ほどがや》戸塚ではや藤沢……羽鳥四谷《はとりよつや》もちょろりとこえると右が名代の大山《おおやま》街道、左が南湖《なんご》の松原で、馬で乗りこむ馬入《ばにゅう》の渡し

（初代木村松太郎演「慶安太平記」）

軽やかにシャッフルする三味線のあしらいに、スキップを踏むような調子で、東海道を宇津ノ谷《うつのや》峠へ向かって行く。これが道中付けの楽しさです。

夜を歩こう

この噺、特に季節については触れられていません。真夏もすぎて、夜になるとちょっと涼し

い風の吹くころ、肌脱ぎして大あぐらをかいた木蓮寺の和尚が、破れたうちわで蚊を追いながら酒を飲んでいる姿が思い浮かびます。「黄金餅」のルートを歩く今晩は、世間ではお化けの扮装をした子どもたちが家々をたずね歩くハロウィンの夜です。自分の考えた季節とはずれていますが、死体の入った漬け物樽が町を練り歩く噺には、ちょうどよかったかと思います。

下谷の山崎町の最寄りは上野駅。スタートするまでは「黄金餅」のルートに触れたくないので、山崎町と逆側の公園口から両大師橋を渡り、首都高上野線をくぐって東上野へ着きました。時刻はちょうど午前零時。重い荷を担いだと思い、ハロウィンの晩の様子を観察しながらゆっくりと歩き、夜明けまでには桐ヶ谷に入る予定です。昼間の散歩と違って、細かいものを見るのはあきらめ、できるだけ「黄金餅」のルートに寄りそうことを心がけたいと思います。

東上野はバイクショップが目立つ町。銀座線が車庫へ向かうためにある、地下鉄には珍しい踏切を通り過ぎ、城壁のようにそびえる上野駅に沿って南へ向かいます。日付が変わるのを待ちかねたように、道路工事や鉄道の作業員が繰りだして来ました。地面に坐りこんでいるのは、路上生活者とおぼしき女性です。ハロウィンなどとは無関係に、日々を生きています。

上野駅の正面口あたりが、上野山下。ぐっと曲がって、三橋《みはし》(口演では三枚橋)の跡をいつの間にか越え、上野広小路を進みます。深夜にもかかわらず人通りは多く、すさんだ感じがただよいます。立ったままカップ麺を食っている巨漢がいます。「ねえ、朝まで飲まない」と声を

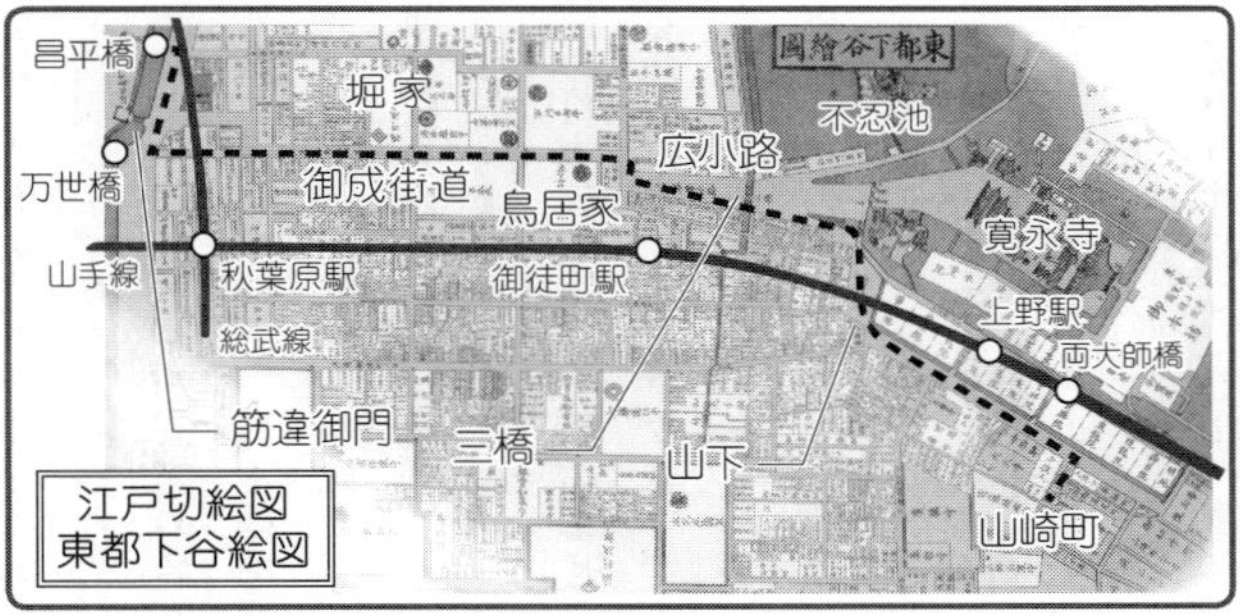

かけてくる女性をいなします。

行程図の下敷きにした古地図（嘉永四年尾張屋版切絵図）では、この先で広小路は行き止まりになっています。今も、松坂屋の斜め向かいが三角形の小公園になっていて、それを囲む車道には信号機もなく、デッドスペースのようになっています。こちらが、かつて御成街道へつながる道でした。このあたりから人通りが途切れました。御成街道の右手には、今も一軒の黒焼《くろやき》屋が店を構えています。以前、ウインドウからのぞいたとき、落語「いもりの黒焼」で媚薬として登場するイモリの黒焼が、ガラス瓶の中に飾られていました。かつての電気街、今はアニメやアイドルのファンの集まる秋葉原も、この時間はひっそりとしています。

葬列の一行が通った筋違橋《すじかいばし》、筋違御門のあったあたりは、レンガづくりのガードが続く万世橋《まんせいばし》駅（廃駅）となっています。当時は架かっていなかった万世橋を渡るのはやめて、一本上流の昌平橋《しょうへいばし》を渡ります。甲州への鉄道の起点であった万世橋駅は、当時の一大ターミナルでした。交通博物館の跡地が、きれいに再開発されています。万世橋駅ロータリーにあった〝杉野はいずこ〟のセリフで有名な日露戦争の軍神、広瀬中佐の銅像や、神田にあった寄席の名席、白梅《はくばい》についても、説明パネルに書かれていました。

ここからずっと、日本橋を通って新橋まで中央通りを行きます。本町《ほんちょう》、室町あたりはビジネス街で、神田駅周辺を除いて、ずっと人通りはありません。もう、終電車はなくなりました。乗って行かないかいというサインでしょう、タクシーがときおり横を徐行して行きます。

日本橋はその上におおいかぶさった首都高のためにいっそう薄暗く、徳川慶喜《よしのぶ》の筆になる親柱の日本橋の文字も読めません。ここまでで約四キロメートル、時刻はちょうど一時です。走る車のほとんどはタクシーです。大型店舗はすべて閉まっており、牛丼屋の止まり木で、疲れた男が夕飯とも朝飯ともわからぬ飯を食っています。ビルの建設工事は今が盛んです。これが夜の東京の主役なのでしょう。

日本橋の先、正面に見える高速道路が京橋、その奥が新橋。川は全部、水ではなく車が流れています。新橋を渡らず、右へ折れ、土橋の跡を渡り、すぐに右へ曲がります。埋められた外堀に沿った通りは、新橋の飲み屋街から一本離れただけで、かくも暗く、まったく無人の町です。

落語の言いたてでは、愛宕下から天徳寺の境内を抜けるようになっており、このあたりのルートどりが迷うところです。深夜の愛宕神社に参詣し、愛宕山を貫いたトンネルをくぐって、天徳寺を抜けたことにします。ここから台地を登る坂道となり、神谷町から飯倉へ出ました。東京タワーがはじめて正面に姿を見せました。ライトアップもなく、ホタルのような弱い明滅

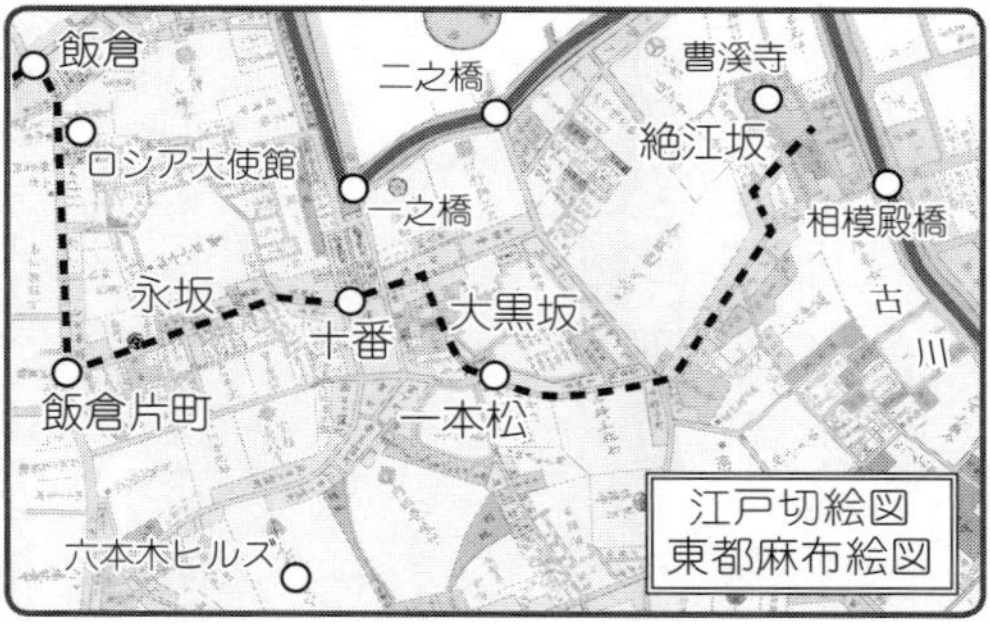

をしている赤ランプが鉄の骨組みを示しています。

　馬の鞍のような複雑な地形の飯倉交差点を右に取ると、急に人通りが復活しました。半数以上が外国人です。六本木に近い飯倉片町に来ると、道は昼間のように渋滞しています。土管を抜けてゲームソフトから飛び出してきたペアがいます。赤と緑のつなぎを着こみ、帽子にはMとLの文字が見えます。すれ違った若者は、ホラー映画のまねでしょう、白衣にはべっとり血のりがついていました。ここでも女性が地面に坐りこんでいます。酔いつぶれただけです。上野と麻布。やっぱり金兵衛さんは、呪われてはいけないのです。

　古川の刻んだ谷なのでしょう、だらだらと永坂をおりたかと思うと、今度は大黒坂、一本松坂を登ります。源経基《つねもと》ゆかりの三代目一本松は、闇に溶けこんでいます。再び人通り

のなくなった街を、朝刊を積んだバイクが走ります。夜から朝が継ぎ目なく変わっていきます。住宅街を古川へ向けて下る絶江坂《ぜっこうざか》は、場所によっては両手を広げたほどの幅しかありません。絶江曹溪寺《そうけいじ》の門は閉まっていました。門前の小公園で一休みしましたが、どう見ても不審者です。ここまで約一二キロメートル、寄り道含め、四時間かかりました。

現行の「黄金餅」では、すぐに桐ヶ谷の場面になりますが、四代目橘家圓蔵《たちばなやえんぞう》の速記では、もういちど道中付けが出てきます。

二度目の道中付け

同じことを二回繰り返すのはいただけないと考えたのでしょう、現代の演出では、このくだりをやりません。しかし、桐ヶ谷までのルートを知る上では、大変ありがたい言いたてです。そのルートは以下のようです。絶口―相模殿橋《さがみどのばし》を渡る―右へ曲がり、日限《ひぎり》地蔵、大久保彦左衛門様の墓地―突きあたって右、白金《しろかね》の清正公様の前―瑞聖寺《ずいしょうじ》の前をまっすぐ―桐ヶ谷の焼き場（四代目橘家圓蔵、『文芸倶楽部』大正二年一月定期増刊号〝出世かゞみ〟）

これだけ書いてあれば、迷いません。四之橋《しのはし》（相模殿橋）で古川を渡り、四之橋商店街からくねくねとした道を、大久保彦左衛門の墓地のある立行寺《りゅうぎょうじ》から、日限地蔵の松秀寺の前を通って桜田通りへ出ます。「井戸の茶碗」の舞台である白金の清正公こと、覚林寺に寄り道してお詣

り し、目黒通りの日吉坂を登って進むと目黒駅。行人坂《ぎょうにんざか》の方へ道をとり、太鼓橋で目黒川を渡った先は、もはや当時の田舎道をトレースできませんから、適当に歩いて桐ヶ谷斎場へ着きました。午前五時一五分。つごう一七キロほどの夜間散歩でした。東の空は、わずかに白んできているようですが、東京の街の灯りに負けていました。

健脚な落語びと

歩くしか手段のなかった昔の人は健脚だといいますが、「黄金餅」の金兵衛さんの健脚ぶりは尋常ではありません。上野から麻布まで歩いて、葬式のあとは一人で西念の死骸を目黒へ担ぎこみ、火葬を待つ間に、わざわざ新橋まで戻って夜明かしで一杯やって、再び目黒へ取ってかえしています。すべて合わせると三〇キロメートル以上の距離になります。芸のウソと言ってしまえばそれまでですが、ちょっと距離がありすぎるようです。大事な金をネコババされやしないかと、遠く離れた新橋で飲んでいては気が気でならないのではないでしょうか。私ならば、焼き場のそばを離れることはできません。

もう一席、関東と関西から、脚自慢の二人に登場してもらいます。「堀の内」と「いらちの愛宕詣《あたごまい》り」は、あわて癖・せっかちを治してもらおうと、神仏にお願いする落語です。

東京の「堀の内」は、上方の「いらちの愛宕詣り」をルーツとします。「いらちの愛宕詣り」

が、京都の西方、愛宕山へ参詣するのに対し、「堀の内」では江戸の西方、堀の内のお祖《そっ》師さま（杉並区）に参詣します。愛宕神社は京都の鎮護、火防《ひぶせ》の神様で、堀の内妙法寺は日蓮宗のお寺です。いったい誰があわて者に効くなどと教えたのでしょうか。粗忽にもほどがあります。

「堀の内」のご主人、あわて者だが神田に住むちゃきちゃきの江戸っ子です。最初、神田から間違えて浅草寺まで約三・五キロ、同じく堀の内のお祖師様まで鍋屋横町経由で約一二キロあります。この二カ所を往復したので、都合約三一キロを歩いたことになります。浅草寺でもきっと、一生懸命お詣りしたでしょうし、道に迷って誰かにたずねたりする時間も加えて、九時間近くかかったことでしょう。かわいそうに持参した弁当はおかみさんの腰巻きに包んだ箱枕でしたから、家に戻るやいなや、冷や飯を湯漬けにしてかっ込むと、ちょうど夕暮れ時。いやがる子どもをお湯に連れて行くのにほど良い頃あいです。

それに対して、上方の「いらちの愛宕詣り」では、間違わずにお詣りできたとしても、京都市内と愛宕山の往復だけで三〇キロ以上あります。なによりも、標高差が違いすぎます。東京はどこへ行ってもほとんど平坦ですが、愛宕山はなんと九〇〇メートル以上の高さの山です。

普通の人ならば、帰ってきたらくたびれ果てて、得意の冗談をいう気力もないのでは。あきらかに東よりも西のあわて者の方が健脚です。

●「黄金餅」の散歩ルート
上野駅—**山崎町**あと—昌平橋—日本橋—新橋—愛宕神社—**絶江**—白金の清正公—目黒駅—**桐ヶ谷**—不動前駅。
徒歩約一七キロメートル、所要約五時間。

コラム　東へ西へ

日本中を東へ西へと旅していると、あれ、と思う地名に出くわすことがあります。その土地の伝統ある地名を笑うことはできません。一方、人工的につくられた新しい地名の中には、まるで落語のくすぐりになりそうなものもあります。

北斗市・北杜市——北斗市は北海道。北杜市、〝きたもりし〟ではありません、は山梨県。

南陽市・新南陽市――南陽市は山形県。新南陽市は山口県、今は周南市になっています。
東京府――明治になった頃、横棒が一本多い〝東京〟と書いて、〝とうけい〟と読ませました。「とーけーっこだなんて、ニワトリみたい」というくすぐりが、本当に落語に載っています。
東京都西東京市東町――旧保谷市に実在します。市川市市川1-1よりも紛らわしいです。
西新井大師西駅東口――東京都足立区にあります。待ち合わせが大変ですね。
四国中央市――方角がややこしいからといって、真ん中ならいいというものでもないようです。四国の屋根、石鎚山《いしづち》あたりにあるのでしょうか。

3　旅のスパイス――紋三郎稲荷

続いては、「紋三郎稲荷《もんざぶろういなり》」という噺を歩きたいと思います。これまで紹介した落語と違って、都会を離れ、街道を行く旅の落語です。あまりポピュラーな落語ではないかもしれません。四代目橘家圓蔵から、二代目三遊亭円歌や六代目三遊亭圓生などを経て、いわゆる三遊亭の系統に受け継がれています。お二人が演じた音源も残されています。

「紋三郎稲荷」、肩の力を抜いて、ゆったりと噺の流れに身をゆだねられる小品です。

「紋三郎稲荷」のあらすじ

山崎平馬《やまざきへいま》という笠間藩の侍、江戸詰となったが、風邪をこじらせたため、同輩より遅れてひとりで江戸へ向かっている。歩くのも大儀だと、取手《とりで》の渡しを越えると駕籠に乗りこんだ。駕籠にゆられてうとうとしていると、駕籠屋の会話が聞こえてきた。「今乗ったお侍は、駕籠賃も値切らずに言い値で松戸まで乗るとは、もしかするとお稲荷さまでも乗っけたんじゃないかい。ほら、尻尾が見えてる」、「そう言やあ、今、コンコン鳴いていた」。咳をキツネの鳴き声と間違えている。なるほど、冬のこととて、平馬はキツネの毛皮でできた胴服を背割羽織の下に着こんでいたのだが、その尻尾が駕籠の垂れからはみ出している。ひょうきん者の山崎平馬、キツネの尻尾をひょこひょこ動かした。「わっ、やっぱり本物だ」、「まさしく、わしは紋三郎稲荷の眷属《けんぞく》である。今宵は松戸に泊まるぞ」。駕籠屋は気を利かして、紋三郎稲荷を信仰する松戸の本陣へ駕籠を着けた。

稲荷の一件を聞いた主人は、羽織袴に着替えると、平馬の部屋へやってきた。平馬は何くわぬ顔で、「なまず鍋に鯉の刺身で、酒を持て。村の者に、供物や賽銭を許す。ただし、部屋をのぞき見すると、眼がつぶれるぞ」。講中の連中が、柏手《かしわで》を打っては、ふすまの隙間からおひねりを投げ入れてきた。酔いも覚め、藩中にバレたら大変だと気づいた平馬、夜も明けぬ七つ刻《どき》にそっと宿屋を抜けだした。それを見ていた本陣の屋敷稲荷に住むキツネたち、「化かすのは人間にかなわない」。

落語の枕

落語の本題に入る前の導入部を枕《まくら》と呼びます。時候の話題や、最近出会った身の周りのできごとなどのとりとめない話題や、落語のテーマにまつわる小噺などを語る、噺の暖機運転のようなものです。噺の中に出てくるわかりにくい言葉や、今ではピンとこない昔のしきたりやすたれてしまった制度なども、枕の中でさりげなく説明したりもします。「紋三郎稲荷」では、日本の三大稲荷の話とか、紋三郎稲荷が今は笠間稲荷と呼ばれているとか、お稲荷さんの話題も適しています。

たとえば、「ひぃ、ふぅ、みぃ、よぉ……今何刻《なんどき》だい」のセリフで有名な「時そば」という落語では、昔の時刻の数え方が、落ちに直結しています。そのため、時刻のことを枕で語っておいた方が親切です。江戸時代は、午前零時を九つと唱え、八、七、六と時刻が経つにつれて数字が下がって行き、四つまで下がれば昼の一二時で再び九つとなります。「時そば」で、夜泣きそば屋からまんまと一文ちょろまかした男は、深夜の〝九つ〟にそばを食べました。これを見ていて、翌日まねをした男は、我慢できずに〝九つ〟ではなく〝四つ〟にそば屋をつかまえてしまいます。そのため、一文得するどころか、四文損をしてしまいます。一刻《いっとき》が約二時間になるので、最初の男は深夜一二時ごろ、失敗した男は一〇時ごろ現れたことになります。中には、まだ陽の落ちないうちから、そば屋をつかまえる演出を聴いたことがありますが、さすがにそれでは時刻の設定に無理があります。

ところで、一日の間に二回、同じ〝九つ〟があるのは、紛らわしい気がします。現代では、九時なら九時を午前・午後をつけて区別しています。昔は、十二支を使って時刻を表すことも行われていました。〝九つ〟の代わりに〝子《ね》の刻〟と言うわけです。子・丑《うし》・寅《とら》・卯《う》と来て、一二時が午《うま》の刻、午より前が午前、あとが午後となります。正午《しょううま》の刻に敵討ちの約束をしたのが、「高田馬場」です。働き者のたとえに〝子に伏し寅に起き〟とか、「ろくろっ首」でお嫁さんの首が伸びるのが、時計がチンチ〜ンと鳴る午前二時、丑三つ時あたりであるとか、時刻の数え方は、落語にたびたび登場します。

昔の旅は、朝早く宿を発ち、夕方はなるべく早く宿に入るようにしました。〝お江戸日本橋七つだち〟の歌のとおりですと、夜明け前、春ならば午前四時には出発する見当になります。しばらく進んだ高輪《たかなわ》(東京都港区)で、あたりが白んできて提灯を消すという、歌詞のとおりの旅になります。山崎平馬も、七つの鐘が鳴っては、朝の早い宿を逃げださざるを得なかったのでしょう。私は落語家ではないので、おもしろい話はできませんが、これを紋三郎稲荷散歩のマクラとしましょう。

笠間から松戸へ

スタート地点の笠間稲荷は東京から一〇〇キロほど北東の茨城県にあります。直通列車はなく、常磐線《じょうばんせん》の友部《ともべ》駅で水戸線に乗りかえて二駅、笠間駅が最寄りです。改修された笠間駅は、残念ながら観光駅らしい飾りつけはありません。それでも、駅前にはレンタサイクルが設けられていました。笠間稲荷は駅から一・五キロメートルほど離れているので、自転車が便利です。軽快に走る舗道には、名産笠間焼のタイルが敷きつめてあります。

笠間稲荷に近づくと、人通りが急に増えました。門前のお土産屋は、飴や饅頭、キツネの面とかを売るよりも、駐車場への車の呼び込みに余念がありません。笠間稲荷は、笠間藩牧野家の領主に崇敬され、社殿が整備されてきました。四季を通じて参詣人でにぎわいますが、とりわけ、秋の菊まつりの時季は観光客が集まります。大輪の菊花や懸崖《けんがい》作りの展示、赤白黄の小菊で衣装を彩った菊人形展が見ものです。菊人形といえば、全国的には奥州二本松、大阪枚方《ひらかた》が名高く、江戸では団子坂(文京区)が代名詞的なものでした。私自身は、多摩川園の菊人形のむせかえるような匂いとじめっとした空気が、リアルに造られた人形の顔と結びついて、美しいというよりはむしろちょっと怖い思い出につながっています。幸いなことに、屋内に入っても、思ったほどは菊の香りがしません。

境内で紋三郎稲荷の文字を探しますが、どこにも見つかりません。境内にあった大きなクルミの木にちなみ、胡桃下《くるみがした》稲荷が笠間稲荷の別称になっています。御朱印やおみくじにも、胡桃下稲荷と書かれています。額堂をはじめ、建物のあちこちに古い奉納絵馬が掲げられています。明治の頃に奉納されたうすれた文字を見ても、胡桃下が多いようです。中には、曲馬団や芸人

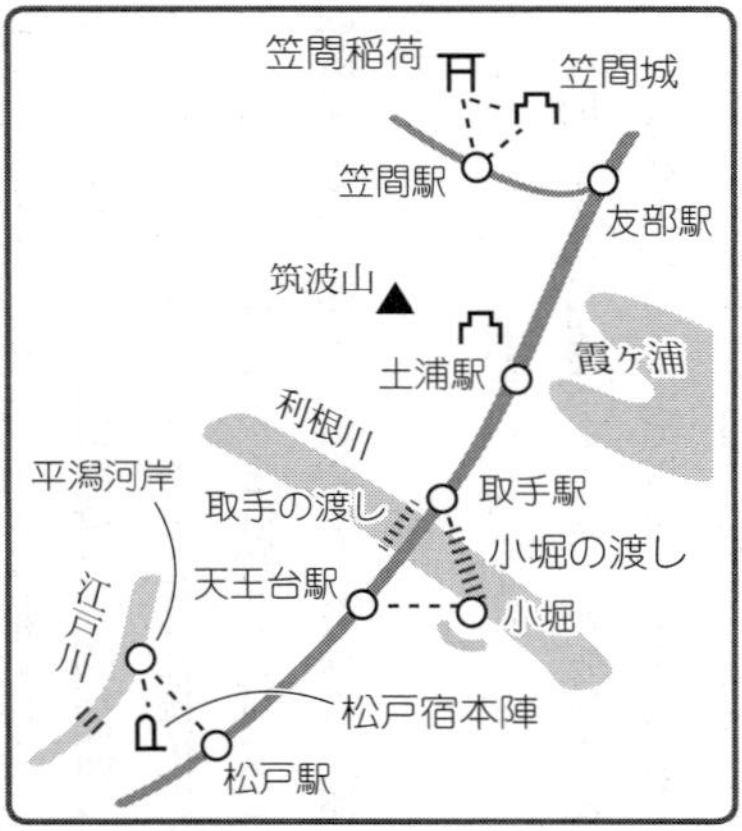

連が名を連ねた奉納絵馬がありました。浪曲師一心《いっしん》亭辰雄《ていたつお》や、講談師伊《い》藤痴《とうち》遊《ゆう》の名前が見えました。政治講談で名をあげ、衆議院議員になった人物です。

山崎平馬は、笠間藩の藩士です。江戸中期、牧野貞通《さだみち》の転封《てんぽう》以来、九代の殿様が笠間を治めました。城跡があるというので登城してみましょう。山城というのでしょうか、見ただけでげんなりするような山の上に位置しています。坂道がきつくて、立ちこぎでも登れません。自転車で来たことを後悔します。途中、この地に疎開した国民的歌手、坂本九の旧家

がありました。山をらせんを描いて登ってきた道がトンネルを抜けると八幡台櫓。石碑しか立っていませんが、櫓の建物は笠間稲荷の北、真浄寺の七面堂《しちめんどう》として残されています。尾根続きの山頂、天守閣があったところには佐志能《さしの》神社が祀られています。

今日は、お稲荷さんと城跡しか見ませんでしたが、笠間は焼き物の町ですし、日欧の絵画を収蔵する美術館も人気です。春秋の陶器市、ツツジのシーズンなど、違った季節に訪れてはいかがでしょうか。

平馬が次に現れるのは、取手の渡し(茨城県取手市〜千葉県我孫子市)です。電車に乗って、一気に取手まで行きましょう。常磐線が南に向かうにつれ、江戸の地から描いた浮世絵とは違って、筑波山がカニのはさみのような姿を見せます。笠間の次の城下町、土浦にかかるころ、列車は蓮田の中を突っ切ります。冬枯れた茶色い蓮っ葉しか見えませんが、レンコンの収穫はお正月前にピークを迎えます。

いったん常磐線から離れて東へと向かった水戸街道は、取手で再び常磐線に寄り添ってきます。取手の渡しは、昭和九年(一九三四)の大利根橋の架橋によって廃止されてしまいました。しかし、明治末期の河川改修の結果、利根川をはさんで飛び地の状態になった取手市小堀《おおほり》地区への渡船が、現在でも運行されています。大利根橋を渡るよりも遠回りになりますが、せっかく落語に出てくるような渡し船があるのですから、それに乗らない手はありません。取手宿には、利根川沿いに茅葺き屋根の本陣や、老舗の奈良漬け屋さんなどがならんでいます。ぶらぶらと見学しているうちには、渡し船がやって来ます。

船は一二人乗り。小堀地区に住む方は無料ですが、観光目的の人もわずかな運賃で乗ることができます。農村のおもかげを残す小堀の集落を突っ切ると、かつての利根川が取り残された三日月状の沼がありました。釣り人が船を浮かべ、糸を垂れています。

冬には早い木枯らしが吹き、土ぼこりが舞う未舗装の道をひとり歩きます。稲刈りの終わった田んぼから飛び立ったカラスが、横だおしになったまま滑空してゆきます。飛び地を抜け、ようやく千葉県に入りましたが、最寄りの天王台駅まではまだ四キロほどあります。自分から遠回りの道を選んだのですが、このあたりが落語歩きの胸突き八丁です。

かつて水運で栄えた松戸は、今は人口約五〇万人の大ベッドタウンです。宿場の風情が残っているとはあまり期待できません。駅からまっすぐに江戸川へ向かい、平潟《ひらかた》河岸に面していた遊廓跡へ行ってみました。一時期、学生宿舎に利用された特徴ある町も、普通の住宅街となっています。柳の巨木が一本だけ、うつむいた遊女の洗い髪のような葉を風に揺らしていました。

落語では高橋清左衛門《せいざえもん》という名前で出てきますが、伊藤家が松戸宿本陣の経営にあたっていました。山崎平馬が泊まった本陣跡には、二〇〇五年に説明パネルが建てられています。

ピリリとした香辛料

圓生師の口演では、駕籠屋が平馬に江戸での用事を尋ねたところ、「王子、真崎《まっさき》、九郎助《くろすけ》なぞへまいろうと思うてな」というセリフがはさまります。円歌師の方は、「王子、三囲《みめぐり》、袖摺《そですり》、九郎助の方へ急用でな」と、似たようなセリフが入ります。

出てきた五つの名前は、すべて江戸のお稲荷さんです。王子稲荷(北区)は、落語散歩の初回で訪れましたので、みなさんもご存じでしょう。向島の三囲稲荷(墨田区)も、宝井其角《たからいきかく》の「ゆふだちや田を見めぐりの神ならば」という雨乞いの句や、芝居の書き割りでも知られています。ほかの三つは、なじみの薄いお稲荷さんですが、こういう文句をそのまま残してこそ、噺の味わいがぐっと増すと思います。ほんの一振りの香辛料が入っていないだけでも、できあがった料理は何か物足りない感じがするものです。この落語の中でも、お稲荷さんの名前は、ピリリと味をひきしめるスパイスです。

もちろん、名前が出てきたからには、訪問しておきましょう。袖摺稲荷(台東区)は、浅草寺の北、浅草五丁目にあります。吉原へ向かうお客さんの袖がすり合うようだと言われたほど、繁盛したお稲荷さんです。今は狭い敷地に二階建ての社殿になっていますが、きれいに清められ、気持ちのいい神社です。九郎助稲荷(台東区)は、黒助と書かれることもあります。袖摺稲荷からさらに北へ進んだ、吉原遊廓の四隅にあったお稲荷さんの一つです。なかでも九郎助はもっとも人気があったらしく、擬人化されて落語にも何回も登場します。今は、他のお稲荷さんと一緒に吉原神社に合祀されています。

最後の真崎稲荷(荒川区)は、橋場の石浜神社の境内にあります。今でこそガスタンクがならんだ殺風景な場所ですが、かつては文人墨客が杖をひき、田楽茶屋などもあってにぎわった景勝地です。石浜神社は、源頼朝をはじめとする武将の信仰が篤かったと言います。真崎稲荷の方も先陣を真っ先に切るという、縁起のいい名前です。

紋三郎稲荷に出会う

松戸宿で「紋三郎稲荷」の旅は終わります。本陣を抜け出した山崎平馬は、それから江戸の笠間藩の屋敷に向かったことでしょう。笠間藩の中屋敷は、浜町(中央区)にありました。浜町に行くと、今でも二カ所の稲荷が残っています。一つは、屋敷に近い浜町二丁目にある笠間稲荷の東京別社、もう一つはそれを勧請《かんじょう》した明治座のお稲荷さんです。笠間稲荷も日本橋七福神の一つ、寿老人を名のっています。鳥居の額などには笠間稲荷としか書かれていないのですが、玉垣の柱に〝東京紋三郎講〟の文字を見つけました。気をよくして御朱印を頼むと、本家笠間のような胡桃下稲荷ではなく、こちらは〝浜町鎮座　紋三郎稲荷〟の印が捺されています。紋三郎は笠間稲荷を全国に広めた人物とのこと。もう誰も使わなくなったか、とあきらめかけていた紋三郎稲荷に東京で出会うことができました。

旅の落語

東京系の落語では、地方都市を舞台とする噺はかなりありますが、意外にも江戸を離れて旅する落語は、あまり多くありません。そのいくつかをあげてみましょう。

「紋三郎稲荷」に加えて、真夏の大山《おおやま》不動へ参詣する「大山詣り」。三人連れがのんびり旅をする「三人旅」。これは、伊勢、京都へ向けて旅をする続きもので、無尽《むじん》にあたった金でひとつ旅でもしようと意気投合する「発端」、飯盛女との滑稽を描いた「神奈川宿」、箱根山での「鶴屋善兵衛」などがあります。箱根と言うからには、東海道の旅ですが、中山道を行くパターンもあります。山中の土地柄か、「おしくら」がひなびた味わいです。京都へ着けば、「京見物」「およく」「祇園会《ぎおんえ》」などが残っています。メンバーが一人少ない「二人旅《ににんたび》」は、煮売屋での滑稽です。箱根山中は「小間物屋政談」、熊谷宿で一休み「猫の茶碗」、雪の身延山《みのぶさん》(山梨県)で命拾いをする「鰍沢《かじかざわ》」、道に迷った山奥で人を呪う不気味な怪僧に出会う「いが栗」、群馬の碓氷《うすい》山中では、「猪退治」や「猿丸」、深山幽谷「指仙人」があります。

遠く九州へ落ちた幇間《たいこもち》が主人公の「九州吹き戻し」、四国を舞台とする民話風落語「田能久《たのきゅう》」があります。仙境をさまようのが「鉄拐《てっかい》」、地の底へ落とされる「死神」、地獄の遊びが「幽女買い」。とうとう、地獄まで来てしまいました。

上方落語の登場人物は、伊勢参宮の大長編「東の旅」をはじめとして、東西南北、各方面へ旅をしています。北の方角では、池田山中の「池田の猪《しし》買《か》い」、能勢《のせ》へ行く「不精の代参」。西への旅は、「明石飛脚」「播州《ばんしゅう》巡り」に「兵庫船」。もっと遠くで、「狼講釈」「べかこ」に「深《み》山《やま》がくれ」。南に行くのは、「堺飛脚」「紀州飛脚」に「牛かけ」。参詣がてらの「大師めぐり」「野崎詣り」に「いらちの愛宕詣り」。大和へ行くのが「牛の丸薬《がんじ》」、吉野だったら「吉野狐」。海底探検の「小倉船《こくらぶね》」、天へ昇る「月宮殿《げっきゅうでん》」、地獄へ行くのが「地獄八景《じごくばっけい》」となります。

いかがでしょうか。ますます、落語の旅をしてみたくなっては来ませんか。

◉「紋三郎稲荷」の散歩ルート

笠間駅―（レンタサイクルあり）―**笠間稲荷・笠間城**―笠間駅＝（水戸線・常磐線）＝取手駅―取手ふれあい桟橋〜**（小堀の渡し）**〜小堀―天王台駅＝（常磐線）＝松戸駅―**松戸宿**―松戸駅。

徒歩・自転車約一五キロメートル、所要約七時間。

コラム 落語三大噺

今回訪れた笠間稲荷は、日本三大稲荷の一つをうたっています。お稲荷さんに限らず、日本中の名所に、三大〇〇、ビッグスリーがあるようです。

しかし、その多くは、二つまでは異論のないところですが、あと一つはお国自慢のための自由席といった扱いに見えます。たとえば、滝では華厳《けごん》の滝(栃木県)、那智《なち》の滝(和歌山県)が当選確実で、もう一つは、関東では袋田《ふくろだ》の滝(茨城県)、北陸では称名《しょうみょう》の滝(富山県)などが、三番目の席を争っているようです。堅いことを言いませんから、ご自由にどうぞといったところでしょうか。

「真景累ヶ淵」に出てくる大生郷《おおのごう》天神(茨城県)は、日本三天神を名のっています。噺に描かれた様子ではずいぶんとにぎわったようですが、もはや門前にはお土産屋もなく、参詣の人もまばらです。太宰府天満宮(福岡県)、北野天満宮(京都府)に伍して、三天神とはちょっと言い過ぎな気がします。

ちなみに、三大稲荷をうたっているところは、伏見稲荷(京都府)、豊川稲荷(愛知県)のほか、竹駒《たけこま》稲荷(宮城県)、笠間稲荷、瓢箪山《ひょうたんやま》稲荷(大阪府)、最上《さいじょう》稲荷(岡山県)、祐徳《ゆうとく》稲荷(佐賀県)など、多数あるようです。

4　マニア向け──切符

これまで取り上げてきた「王子の狐」や「宮戸川」などは、古典落語と呼ばれます。それに対して、新作落語と呼ばれるジャンルがあります。新作落語には、前衛的な気風も見られ、舞台どりや表現方法も古典落語にくらべて自由です。今回は、新作落語を旅します。落語との旅も、いつも同じようでなく、噺のテーマにあわせると、また楽しいものだということを書いてみたいと思います。結果として、かなりマニアックなものとなってしまいました。覚悟のほど、よろしくお願いします。

新作落語と古典落語

新作落語・古典落語とは言うものの、たとえば明治時代以前に生まれたものを古典落語と呼ぶ、というような定義があるわけでもなく、古典落語という言葉自体、戦後になって落語評論家によって作られた造語です。私見ですが、おおまかにいって、共時性と創作性という二点で、古典／新作が分けられると考えます。

大正時代ごろまでは、たとえ新しく創られた作品であっても、その時代に生きている人々をそのまま登場させることで、これまでの落語と並べても不自然ではありませんでした。しかし、洋服を着て携帯電話を持つ人々が登場する落語と、お奉行さんがマゲを結った町人を裁く落語とでは、同時代性は感じられません。少なくとも、前者を古典落語と呼ぶことには無理があります。「源平」や「西行」のような地噺《じばなし》は、会話によるストーリー展開ではなく、演者の個性で漫談のように語りこんで行く形式の落語です。源平合戦や西行の出家といった、歴史的なできごとを題材としても、古典落語の一形式として違和感がありません。

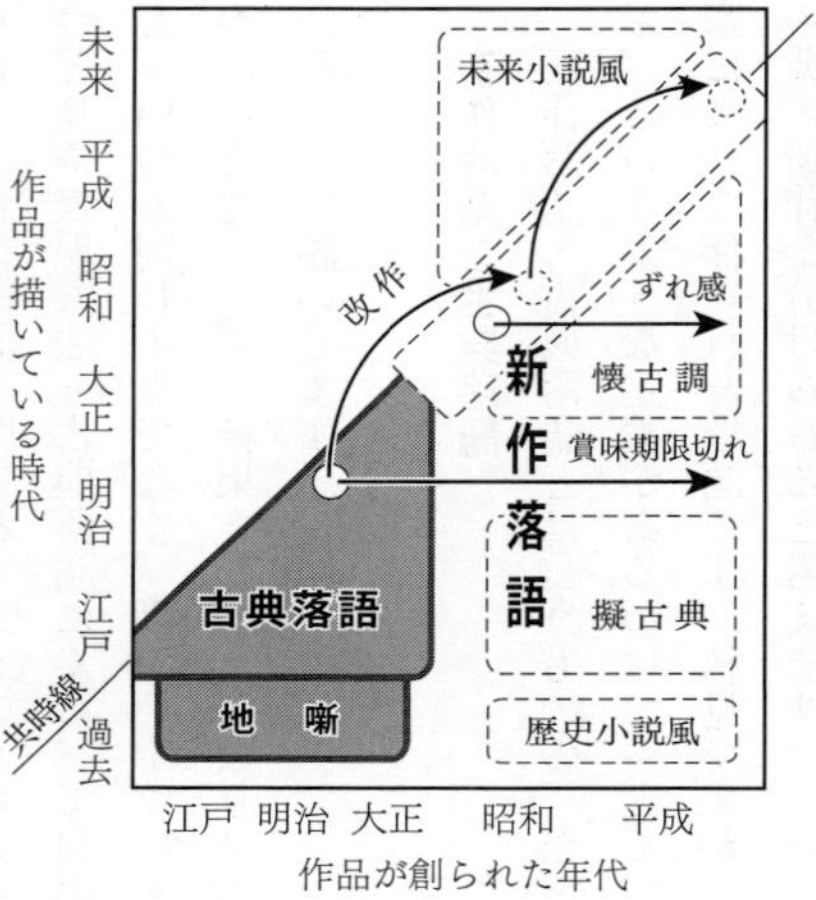

図5　新作落語と古典落語

また、創作性の観点からでは、作者がわかっていても、落語界の共有財産として演じ継がれてゆくものが古典落語、作者の創作性が尊重されており、作者だけ、もしくは作者からの許しをえた演者のみが演じられるものを新作落語と呼びます。作者の創作性を強く意識した場合、新作落語という呼び方よりも、創作落語と呼ばれることも多いようです。

こう書いてみると、古典落語の指す範囲は、新作（創作）落語にくらべて狭いようです。限られた演目数の古典落語を毎日毎日同じように演じていては、聴衆に飽きられ、賞味期限をむかえてしまう心配もあります。江戸時代・明治時代を舞台として、「時そば」や「子ほめ」となならんで演じても違和感のない、新作落語（擬古典）を作り、古典落語に新しい息吹を与えようという動きもあります。一方、今を生きる人々を活写して笑いをとる創作落語の活動も盛んです。

一時期、古典落語派を標榜する人によって、新作落語の活動や、古典落語の漫画的演出を批判する動きがありました。私自身の落語散歩では、古典落語、新作落語のどちらかに限ったものではありません。とはいえ、次々と訪れるべき場所が増えるのは、地点数をかぞえる上でも、実際に訪問するための資金面でもたまりませんので、先に述べましたように、戦後から二〇世紀末までの書籍に登場する落語という限定をもうけています。また、古典落語かどうかの判定は、青蛙房《せいあぼう》の『落語事典』に掲載されていることを基準としています。

すでに西暦二〇一七年となってしまい、〝二〇世紀末〟という線引きはかなり古いものになってしまいました。いかにも落語を前世紀の遺物のように扱っているとのお叱りも受けそうです。実際には二〇〇一年以降に出版された本の中身も調べてはおります。二〇世紀は必須科目、二一世紀は選択科目といった風にとらえ、肩の力を抜いてやっていきたいと思います。

前置きが長くなりましたが、ここでは〝選択科目〟である二一世紀の新作落語を取り上げます。

マニアックな新作落語

二〇一三年に、『鉄道落語』と題する本が出版されました。交通新聞社が出している新書のシリーズの一つで、ほかには『北の保線』『ダムと鉄道』などのラインナップがならんでいます。つまり、落語ファンに向けた本というよりは、鉄道ファンに向けた落語読みものという位置づけです。そのためか、落語の中に登場する列車の型式や路線名などには、詳しすぎるほど詳しい注がついています。マニアックな注をつけるということ自体が、落語ならではのシャレになっているともいえましょう。これまでにも、囲碁だけを題材にした新作落語の本や、高校物理の力学を説明するために書かれた落語の本など、限られた読者を対象とした書籍が出版されています。そのような本を買うたびに、囲碁のルールを調べたり、何の因果で運動方程式を勉強しなきゃいけないのか、などとぶつぶつ言いながら、さびついた頭に油をさすことになります。

『鉄道落語』には、桂梅團治《うめだんじ》師が演じる「切符」という落語が載っていました。大阪駅できっぷを買おうとした男が、自分の行き先を忘れてしまい、駅員さんが大阪から東京までの駅名を順に唱えていく落語です。演者の記憶力にびっくりするだけでなく、せっかく汗を流しながら駅名を唱えあげているのに、それを聞きながら居眠りしてしまうとぼけたお客の様子が、笑いを呼びます。

「切符」には、大阪から東京までの一四八もの駅名が登場してきてしまいました。落語を聞き流す分にはいいのですが、一つずつ訪ねるとなると大変です。最初は、駅名標の写真を撮っては一地点クリアとしようかとも考えたのですが、あまりに単調な〝作業〟になってしまいます。せっかくの鉄道落語です。できれば鉄道ネタで何かをものにしたいなと思いはじめました。テーマが決まると、がぜん面白くなってきました。分厚い『時刻表』の後ろの方についているピンク色のページを見ると、運賃の計算方法やきっぷの効力について、とても詳しい説明があります。詳しくなってしまうのは、日本の鉄道が網の目のように発達し、その規則が複雑なせいです。この複雑さを逆手にとって、ひとひねりを加えてみようと考えた次第です。

ここでは、東海道本線一四八駅の中から、演題である「切符」にまつわる話題を三つ取り上げ、どうやって落語地名探訪を奇々怪々な鉄道のルールで味つけしたか、お示しいたします。

新幹線は在来線の線路を増やしたもの

ご存じのように、東京から新大阪までは東海道新幹線が通じています。岐阜県のあたりで両者はかなり離れていますが、だいたいの区間は在来線である東海道本線とほぼ並行して走っています。この東海道新幹線、調べてみると東海道本線と別の路線ではないのだそうです。東海道本線の線路を増やしたもの、つまり、複線を複々線にしたような扱いだとされます。改札口も車両もまったく別のものなのに、同じ路線だとは、一般の感覚からはちょっとかけ離れています。とは言うものの、東京から新大阪までは、新幹線でも在来線でも五五二・六キロメートルの営業キロとされており、運賃の扱いの点では便利な考えになっています。

ところが、規則には例外があります。二つの新幹線駅の間に別の新幹線駅がはさまり、加えて両端の新幹線駅間が在来線でも結ばれていて、全体としてループ状になっている場合（たとえば、三島―静岡間。『時刻表』には全パターンが明示されています）、両区間内の各駅を発着または接続する場合、新幹線と在来線を別線として扱うと定められています。両端の駅を通過してしまうような場合は同じ線、そうではない特別な場合には別の線と見なしますよ、ということです。まずは、実例の岐阜駅をつかって、話を進めて行きます。

岐阜駅は東海道本線の名古屋駅と米原《まいばら》駅の間にあり、新幹線と合わせてループ状になっています。つまり、さきほどの例外が適用される駅になります。そこで、岐阜駅から一駅離れた高山本線の長森駅を出発し、岐阜駅で東海道本線に乗りかえ、米原から新幹線で名古屋に跳び、再び在来線で岐阜駅を経由して長森駅へ戻るルートの乗車券を、窓口にお願いしました。

窓口の係の方は、落語に登場する駅員さんとは違って、テキパキとあっという間に発券してくれました。なお、図のようなフライパン型のルートを片道乗車券で発券することはできないため、二葉のきっぷでセットの連続乗車券となっています。二枚のどちらも長森―岐阜間のきっぷですが、片方は二九四〇円、もう片方は一八〇〇円(消費税5%時)となっていました。面白いのは、二枚目の方はたった一駅なのに有効期間が三日間で、前途などはあり得ないのに〝下車前途無効〟と印刷されているところでしょうか。まじめな話をすれば、本来二日間の有効期間となるところを、連続乗車券とすることで三日間に延ばせたり、年間の発行数に制限のある学割の権利を効率よく使うために、連続乗車券の発券をお願いする裏ワザがあるようです。

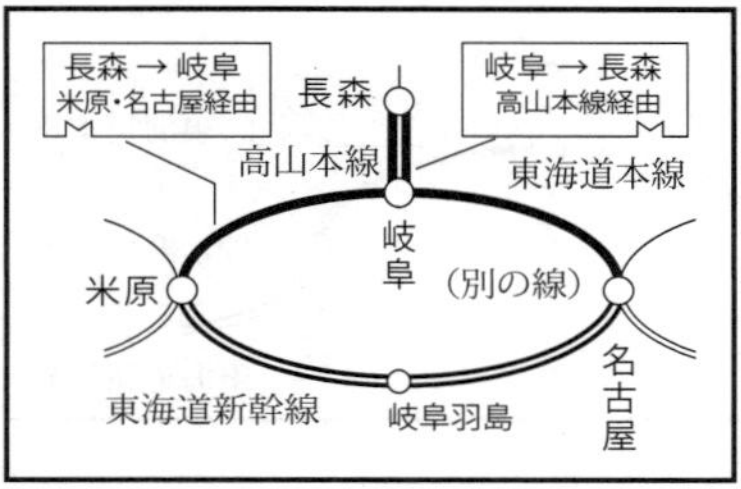

　生まれて初めて手にした連続乗車券をつかって、例外的に別線扱いとなった新幹線と在来線をぐるっと一回りしてきたというのが、岐阜の項目の「切符」旅でした。もちろん、その間にいくつかの駅で途中下車し、「切符」に出てくる駅を訪問したのは申すまでもありません。

硬券で新幹線に乗る

自動券売機やみどりの窓口から発券されるきっぷは、薄手のぺらぺらした紙に印刷されたものですが、かつてのきっぷは行き先がすでに書きこまれた厚地のボール紙で、係の人が金属製のホルダーから一枚抜き取っては、機械にガチャリと通して日付を印字したものでした。一日の最初に売られたきっぷは、裏面に赤鉛筆でマークがついており、それにあたった時は何かラッキーな気がしたものです。

このような硬券は、今でも地方の私鉄によっては使われていることがあり、きっぷ収集マニアの方は、そんな駅に行ったときには、すべての券種を〝爆買い〟すると聞いたこともあります。お次は、そんな硬券で新幹線に乗った話です。

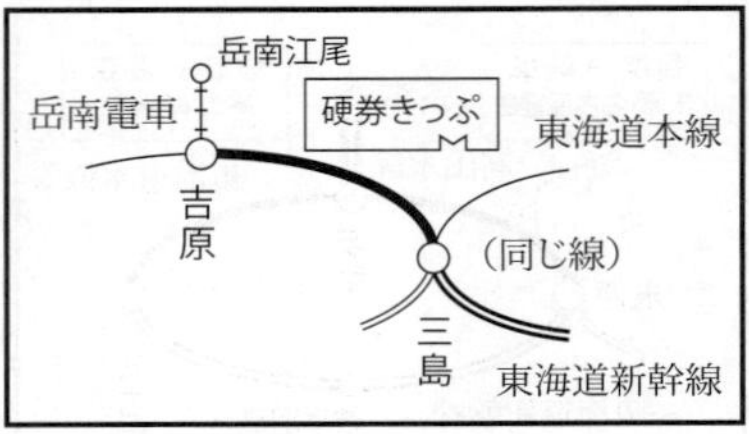

東海道本線の三島駅の近くに、吉原《よしわら》という駅があり、そこから、岳南《がくなん》電車という私鉄が出ています。総延長わずか九・二キロメートル、商店街や工場群の中を通って、何にもないようなところで突然終点になる小さな鉄道路線です。岳南電車に乗ってきたお客さんが、接続駅である吉原駅からすぐにJRに乗りかえられるように、岳南電車とJRを続けて乗れるきっぷを扱っています。このような二社間のサービスを連絡運輸契約と呼びます。たとえば、JR山手線

と大手私鉄の間でも連絡運輸契約が結ばれており、自動券売機で私鉄駅までのきっぷを買ったことがあるかと思います。岳南電車の場合、先ほど書いた硬券を今でも扱っている会社です。さらに興味深いのは、途中駅ではなく、終着駅の岳南電車吉原駅で、ＪＲの硬券きっぷを扱っているのです。その発売範囲は、ＪＲ東海の東京駅(効力は山手線内)や名古屋市内まで及んでいます。つまり、ＪＲしか乗れない硬券きっぷを私鉄が発売しているのです。

この厚紙のきっぷ(本章扉写真)では、もちろん自動改札を通れるはずもなく、新幹線の有人改札を通ることになります。ちょっと残念なのは、東京駅で新幹線の改札口を出るときに、「この見慣れないきっぷは何だ」というような反応があるかと期待していたのですが、忙しい駅員さんはまったく関心を示してくれませんでした。

名所案内標は旅の手引き

地方に行くと、無人駅のホームの端に何十年も経ったと思われるさびだらけの名所案内標が残っていたりします。駅から最寄りの観光地を紹介する実用をめざしたはずなのに、今は、実用的な価値をすっかり失ってしまっているようです。こんなものを見つけると、発見の喜びを感じます。鉄道を使って旅することがデフォルトだった時代には、名所案内標は、「ほら、これから行くところが書いてあるぞ」とか、「さて、駅に着いたぞ。どこか面白そうなところはないかな」という旅行気分を大いに盛り上げてくれたはずです。

交通の大動脈ともいえる東海道線で、そんな時代の名残りである忘れられた名所案内標が見つかる可能性は低そうです。実際のところ、JR東海の名所案内標は完全に同一フォーマットのものでした。置くべくして置かれたもので、それを〝見つけた〟と言うことはできません。発見のときめきがまったくないのです。昔ながらの名所案内標は、JR西日本の長岡京駅などの行灯式看板や、JR東日本の早川駅や根府川《ねぶかわ》駅に置かれたペンキ塗りの看板ぐらいが、目についたものでした。特筆すべきは国府津《こうづ》駅(神奈川県小田原市)の名所案内標で、徒歩圏の寺社に加えて、国府津からはるかに離れた富士山や富士五湖を案内する気宇壮大なものになっていました。

同じ駅で二回途中下車?

変わり種の名所案内標が、期待したほどの収穫がなかったので、今度は途中下車印を探そうと思います。JRの場合、乗車距離が一〇〇キロを超える乗車券では、原則として途中下車ができるようになっています。後戻りしてもう一度乗車することを防ぐために、途中下車の際には楕円形をした途中下車印を捺して、チェックできるようなシステムとなっています。つまり、同じ駅に二回途中下車することは原理的にあり得ないはずです。

ところが、写真を見てください。一つは楕円形をした山科《やましな》駅の途中下車印で、もう一つの方も〝山科駅下車代〟と書いてあり、あたかも山科駅で二回も途中下車したようです。もちろん、この珍なる印影は、落語「切符」の山科駅の項目としました。

なぜ、こんなことが起きたのでしょうか。このきっぷは、東京を出発駅とし、山科駅を経由して湖西線へと抜ける往復乗車券のかえり券です。もちろん、乗車距離は一〇〇キロを超えていますので途中下車が可能です。運賃は、山科駅で乗りかえて、東海道本線を米原駅へ向かうルートで計算されています。それにもかかわらず、湖西線の電車に乗ったまま京都駅まで行って、そこから新幹線に乗りかえることもルール上認められています。ところが、接続駅である山科駅で途中下車できるかどうかは、理屈の上では意見が分かれています。

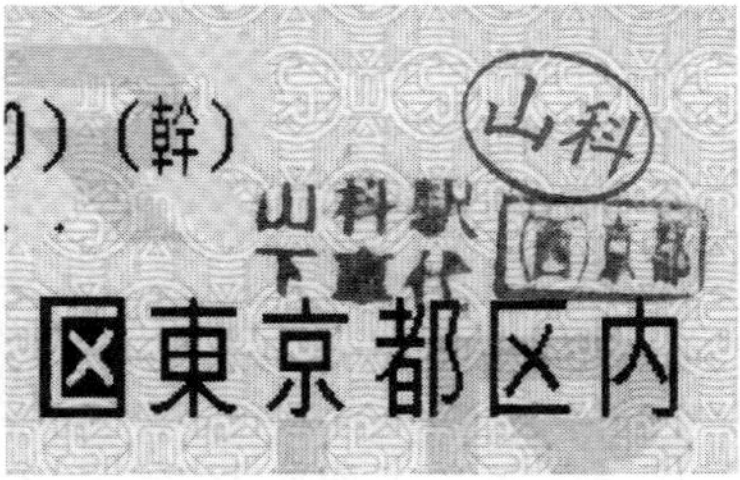

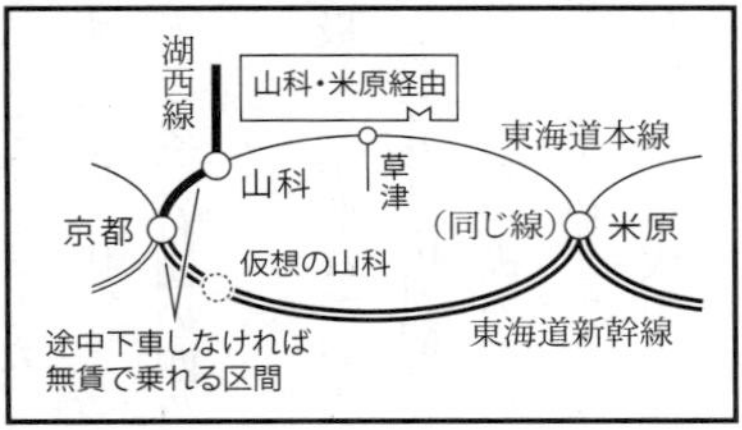

理屈はともかく、山科駅ではすんなりと一回目の途中下車ができました。再入場した山科駅から、ひと駅乗車した京都駅で新幹線に乗りかえたいと申告したところ、山科―京都間の運賃

を支払った上で出場することができました。その時に捺されたのが、山科駅下車代と書かれたくだんの四角いハンコです。下車〝代〟とあるように、山科駅の途中下車の処理を京都駅が代わって行いましたということを、右側の四角いハンコ(駅名小印《こいん》)が証明しているものと考えられます。

京都駅は、下車代印の扱いに手慣れていて、山科駅だけでなく、草津駅などの下車代も処理してくれます。本来は、「あなたは山科駅で一度途中下車していますから、このきっぷでは降りられません」とでも言って、誤乗扱いで別途運賃を取るべきだったのでしょうが、慣れているせいでいつものようにハンコを捺してしまったのではないでしょうか。それにしても山科駅の途中下車印の真下に山科駅の下車代印をもらえるとは、予想を超えた収穫でした。

今度は〝秘境駅〟!?

きっぷに捺されるハンコには、これまで書いてきた楕円形をした途中下車印や四角い駅名小印のほかにも、いくつか種類があります。落語「切符」の旅では、菱形をした特別下車印も、大阪駅や三河安城《みかわあんじょう》駅で捺してもらいました。ハンコにはいろいろな種類やかわった書体があるようですので、印影のコレクションも面白そうです。

先ほど、古い名所案内標が残っていると書いた根府川駅は、東海道本線唯一の無人駅です。

このあたりは、東海道線で随一といえる見晴らしのよい高台を走る区間なのですが、その分、利用者が少ないのですね。ところで、『鉄道落語』には、今度は〝秘境駅〟を題材にした落語を作りたいと書かれていました。〝秘境駅〟とは、周囲に民家が全くなく、その存在意義を感じさせないようなへんぴな駅を指す造語です。当然山奥や、列車の本数が少ない行きにくい場所ばかりにあるはずです。東海道線の旅よりもずっと大変そうです。〝秘境駅〟落語が世に出るのが怖いような、早く実際に行ってみたいような、不思議な気持ちです。

コラム　落語歩きの最強グッズ

これまで、落語地名歩きをした上での最強グッズをご紹介します。

【カメラ】　言うまでもなく、風景写真も撮れますし、説明書きのメモ代わりになります。時刻の記録にもなります。でも、頼りっきりにすると、記憶がよみがえらなくなってしまいます。

【GPS】　衛星電波で自分のいる位置が正確にわかります。普段は紙の地図を持ち歩くのですが、山の中や夜中でも道に迷わないのは、頼りになるサバイバルグッズです。古いカーナビで新道を走ると、道なき山中や、たまに海の中を走ってたりして楽しいですね。

【自転車】　小回りがきき、移動手段としては最強です。レンタサイクルを使えば、駅から一〇キロ圏でも探訪できます。これはいいと、折りたたみ自転車を買ってみましたが、たまに使おうとすると、タイヤの空気が抜けていたりして、結局、ほとんど使いませんでした。

今度は、最凶グッズです。

【携帯電話・スマホ】　カメラ機能も、GPS機能もついていますし、電車の乗りかえ案内もしてくれます。暇つぶしにはゲームで遊べるし、そのうえ、電話をかけることもできるとは。便利すぎて、世の中の公衆電話や夕刊紙を駆逐しています。難点は、山の中に入ってしまうと、肝心なときに役に立たない上、電池がへたること。その気まぐれ具合も、魅力です。

【立入禁止の看板】　公園の芝生あたりから発生し、神社仏閣、学校、公共施設、野山まで増殖中です。「校内の立入にあたっては、職員室に許可をとって下さい」とあると、立入許可をもらうために、あらかじめ職員室立入許可が必要になったりして――。ある旧道で峠越えをしようと、地図に書かれた道を探したのですが、ヤブにおおわれています。斜面に取りつき、登ってみると、たしかに踏み分け道が見つかりました。旧道をたどりたどって、街道へ合流するところに黄色いテープが張ってあり、行く手をふさいでいます。テープをまたいで振りかえると、立入禁止の看板。脱力しました。

【クマ除けスプレー】　静岡県のローカル線、大井川鐵道の尾盛《おもり》駅で降りたときのこと。車掌さんが、「クマ除けスプレーをお持ちですか」と尋ねてきました。この駅、横綱級の〝秘境駅〟で、一日一人ほどの利用者といいますから、今日は私で札止めです。落語「愛宕山」で、谷底に落ちた幇間の一八《いっぱち》が、「狼にはヨイショが利かない」と嘆くのですが、クマに遭ったらおしまいです。トウガラシエキスを噴射するクマ除けスプレーを持参していましたが、どれだけの効き目があるかは未知数です。もう、使用期限がきていますが、町の中では試しに使ってみる場所が見つかりません。

番外は、インターネット。何でも検索で済ませてしまう悪癖。本当は、行ってみないとわからないことばかり。ぐぐっ\ と落語と歩こう。

第3章　まだ見ぬ落語をたずねて

落語を離れて落語を歩く

第1章の「宮戸川」散歩では、小網町と霊岸島の二カ所を歩きました。この場合、どちらからスタートするかの二パターンしかルートはありません。それでは、一〇カ所の地名を歩こうとしたら、ルートの取り方は何通りになるでしょうか。なんと、10の階乗の三六二万八八〇〇通りもあります。全国百万？ の落語ファンが全員参加しても、同じルートを取る人がいないかもしれません。いわば、旅の数は無限にあるといえるでしょう。

何千カ所とあって、途方に暮れるほど多かった訪問先が、数百、数十と次第に減ってゆくのは、実にすっきりした気分でした。ところが、いよいよ旅も終わりに近づき、何兆通りあったのかもわからないルート取りが、だんだんと煮詰まってくると、一抹の寂しさとともに、見落としの恐怖を感じてくるようになりました。せっかく苦労して行った訪問先の近くに、隠れた落語地名があったらどうしようとか、まだ見たことのない落語速記に、思いがけない地名が書かれていたらどうしようという不安を感じます。訪問先がたくさん残っているうちは、次回の旅のついでに訪問すればよかったのですが、旅も終わりに近づくと、ほとんど行き直しするのと同等になってきます。また、自分がまがりなりにも落語名所を歩くことを標榜している以上、ここは知りませんでした、行ったことがありませんでは、誰にというわけではありませんが、何か申し訳ない気がします。

せっかく第2章で、落語速記の下調べは終わったと思ったのですが、もう一度速記の世界に戻る必要がありそうです。この章では、これまで歩いてきた落語からちょっと離れ、周辺分野へと歩を進めます。いわば、落語散歩ならぬ落語逸歩を楽しみたいと思います。

落語の高い峰々

趣味の世界とはいえ、落語の世界も奥深いものです。落語の楽しみ方も細分化しています。たとえば、毎日寄席に通って定点観測される方、玄人はだしの落語を自ら演じられる方、自作の落語を作って発表されている方、噺の原話・ルーツを深く探る方、落語家の系図をくまなく調べる方、落語に関する古書を山のように集めている蔵書家、落語が吹き込まれたSPレコード盤を集める方などなど、それぞれの分野で深く極めた専門家がいます。どの分野のピークにも、高みに登りつめた先達がいます。

ここでは、古い速記を調べてきた先人の残してくれた果実を糧《かて》に、落語地名の峰にふたたびアタックしましょう。

1　戦前の落語速記

落語事典と突きあわせ

第2章で述べたように、これまで戦後に出版された書籍を対象に、そこから落語地名をピックアップしてきました。それでは、知られている落語のうち、どの程度の数を見ることができたのでしょうか。

そこで、これまでに出版された一〇種類の落語事典と突きあわせてみました（表6）。それぞれ独自の視点で編集されていますので、一律に並べて比較することには、多少無理があります。表にあげた7〜9は、ガイドブック的色彩が強く、代表的な落語を絞りこんで選んでいます。結果としてそれらに載っている落語（一部人情噺を含む）は、すべて速記で読むことができました。2と3は同題ですが、編者が違っています。2→3→4の順に話数が増え、すべての（古典）落語を網羅しようとしたものです。出版から四〇年以上たった今でも、4の『増補落語事典』は落語事典の決定版と言えます。ただし、3の増補版である4は、一席ものと言いがたい小噺や、特殊な席で演じられる艶笑噺（バレ噺）を多く追補しています。その結果、2→3→4の順に戦後速記でカバーできる割合が減っています。

表6　落語事典に載っている作品は書籍で読めるか

書　名(出版社)	出版年	収録数と戦後速記数(カバー率)
1 落語の落(三芳屋)	1914	282題中 271題(96%)
2 落語事典(青蛙房)	1957	444題中 426題(96%)
3 落語事典(青蛙房)	1969	868題中 753題(87%)
4 増補落語事典(青蛙房)	1973	1264題中 996題(79%)
5 ライブラリー落語事典 東京編(弘文出版)	1982	700題中 678題(97%)1)
6 現代上方落語便利事典(少年社)	1987	912題中 407題(45%)2)
7 落語手帖(駸々堂)	1988	274題中 274題(100%)
8 ガイド落語名作100選・プラス100選(弘文出版)	1999	200題中 200題(100%)
9 落語の鑑賞201(新書館)	2002	260題中 260題(100%)
10 古典・新作 落語事典(丸善)	2016	622題中 577題(93%)

1) 東京落語に限った速記数
2) 上方落語に限った速記数

大正初期に編まれた1『落語の落《さげ》』は、今では演じられなくなった落語を含むと考えられますが、実際には96%の作品を速記で読むことができました。残る一一題については、明治のころには演じられていたはずですので、当時の速記を探せば詳しい内容がわかるかもしれません。

6の『現代上方落語便利事典』は、出版時点の一九八七年に演じられたり、知られている上方落語をもれなく集めようとした意欲作です。九一二題の内訳は古典落語四四二題、新作落語四七〇題となっていました。速記で読めるのは、他の落語事典にくらべて少なく、四〇七題(45%)にすぎません。カバー率の低いおもな理由は、速記で読める新作上方落語が、わずか六六題(14%)にすぎないためです。

おそらく、東京の新作落語でも同じような状況かと思います。もっと言えば、6は、ある時点での上方落語界を切り取ったスナップショットです。日々新しい作品が生みだされる新作落語を集めるのがいかに大変か、よくわかります。また、15%程度しかカバーしていない速記本をもとに、新作落語について何かものを言うのは無理があることになります。

5の『ライブラリー落語事典 東京編』も、東京落語に限ったものです。これは、一九八一年までに発売された書籍・音源を網羅したものです。日進月歩で進化している録音媒体まで調査の対象としているため、アップデートをしないと、たちまち漏れが出てきてしまいます。書籍のみからでも97%の演目をカバーすることができました。残る二二題(3%)は、音源だけでしか発売されていない落語があること、対象範囲が昭和戦前にまで及んでいることによります。最近出版された10『古典・新作 落語事典』は、新作落語を含むものの、現在東京で演じられる演目を掲載対象としているため、失われた落語を含む4とくらべて、高いカバー率になっています。

ここまで見てきたように、戦後出版された書籍を集めただけでも、よく演じられてきた落語の90%以上をカバーすることができます。さらに、前章で紹介した『新宿末広亭のネタ帳』との比較によって、寄席で演じられる古典落語や、出版物に登場する落語のレパートリーが次第に少なくなりつつあることがわかってきました。毎日毎日、何年間も寄席に通い詰めても、お

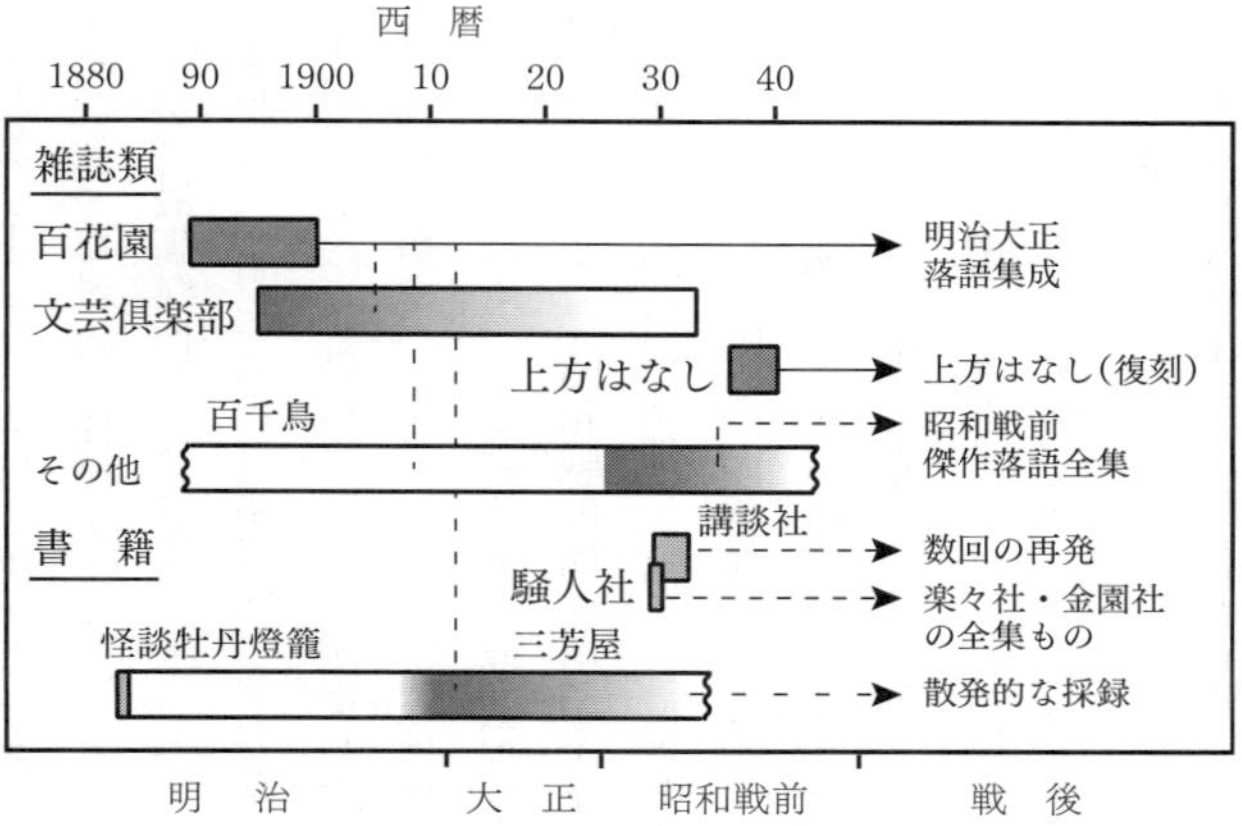

図6 戦前の出版物に載る落語速記

目当ての落語に出くわさない不幸な事態が考えられます。一方、書籍に載った速記は、いつでも読者を待っています。まだ見ぬ落語を知りたいという渇きを、速記がいやしてくれるのです。

戦前の落語速記

それでは、戦前には、どれくらいの数の落語が書籍や雑誌に載っていたのでしょうか。くまなく調べるのは、それこそ別の山脈への登山になります。とりあえず、大づかみにしてみたいと思います。

図6をご覧下さい。雑誌については、『百花園』『文芸倶楽部』『上方はなし』の三種類を押さえれば十分だと考えます。後で詳しく述べますが、『百花園』には約三三〇席、『文芸倶楽部』には七四〇席以上の落語が載っています。

正確な数が出せないのは、落語とも記事・散文とも区別がつかない作品があるからです。上方落語が載った雑誌は種類が少なく、また、入手が困難なものばかりです。なかでは『上方はなし』が、最高傑作と言えます。幸いなことに、『百花園』の落語全部と『文芸倶楽部』の主要な落語は、『明治大正落語集成』全七巻(講談社、一九八〇―八一年)に掲載されています。また、『上方はなし』は戦後に三一書房から復刻されています(全二巻、一九七一―七二年)。戦後に出版された書籍で、あらかたのところは押さえられることになります。

そのほかにも、『講談雑誌』『演芸倶楽部』などの娯楽雑誌、『上方』などの郷土誌に落語が載っています。『昭和戦前傑作落語全集』全六巻(講談社、一九八一―八二年)に、『キング』『講談倶楽部』『面白倶楽部』『富士』に掲載された昭和戦前の落語速記一六八席が載っています。研究者でもない限り、図書館にこもって戦前の雑誌・新聞を渉猟する必要はなさそうです。ただし、『明治大正落語集成』『昭和戦前傑作落語全集』『上方はなし(復刻版)』のいずれも、今日では入手が難しくなっています。『昭和戦前傑作落語全集』の抜粋である『昭和戦前傑作落語選集』(講談社文芸文庫)は、三八席の掲載ながら入手が容易かと思います。また、『上方はなし(復刻版)』については、『スーパー文庫 上方落語』(講談社、一九八七年)で五五席を見ることができます。

戦前の書籍では、『名作落語全集』全一二巻(騒人社、一九二九―三〇年)を第一に推します。

こちらには二八九席もの落語が載っています。もちろん、古書店でしか入手できませんが、ときおりは全巻セットが市場にでまわっているようです。この速記は、楽々社の六巻もの(一九五二―五三年)、金園社の三巻厚冊もの(一九六〇―六一年)などに転載されています。それでも、六〇年近くも前の本となれば、決して入手が容易とは言えません。編者の今村信雄は一九五九年に亡くなっていますので、すでに著作権が消滅しています。ところが、演者のつけ方がかなりいい加減で、昔の速記に新しい人気落語家の名をかぶせた例がたくさんあります。本来、パブリックドメインになるはずの落語速記ですが、なまじ怪しげな演者名があるために、それが公開のさまたげになっているようです。

騒人社と同時期に講談社(大日本雄弁会講談社)から出版された『落語全集』『評判落語全集』各三巻は、何回か再編されています。『落語文庫』全一八巻(講談社、一九七六年)が、かなりの部分をカバーしており、騒人社の全集に比べると、今でも内容に触れやすいと思われます。

騒人社、講談社のような全集ものと違い、単発で出版された単行本については、さらに入手が難しく、もはやコレクターズアイテムと言わざるを得ません。何度も書いているように、速記本のコレクションは、高くそびえる別の山であり、落語地名探訪とはルートの異なるピークです。ここでは、代表的な出版社である三芳屋の速記本についてだけ触れたいと思います。

三芳屋からは、『廓噺小せん十八番』『圓右全集』など、人気落語家の個人集を中心に百冊ほどの良質の単行本が出版されています。表6にもあげた、最初の落語事典である海賀《かいが》変哲《へんてつ》編『落語の落』も三芳屋から出版されました。これらの速記本に収められた落語は、一部が戦後のアンソロジーに選り出されているだけで、とても全容が復刻されているとは言えません。著作権の消滅しているものも多く、次第に進みつつあるインターネット公開により、未知の速記本が身近なものになりつつあるのは、たいへんうれしいことです。

2　まだ見ぬ落語をたずねる

前置きがたいへん長くなってしまいました。落語事典に載っていて、戦後の書籍では見ることのできない古典落語を戦前の速記にたずねることにしましょう。集められた落語と、そこに現れた新地名について紹介します。

百花園「もみぢ」

『百花園』は、明治期を代表する講談・落語速記雑誌です。明治二二年(一八八九)五月創刊で、明治三三年(一九〇〇)までの一二年間に二四〇冊の発行が確認されています。終刊の案内はなく、連載中の作品も完結することなく打ち切られてしまいました。

講談社の『明治大正落語集成』全七巻には、『百花園』に載ったほとんどの落語と『文芸俱楽部』から九三席、そのほか『都にしき』などの雑誌、三芳屋などの速記本から選ばれた落語速記が復刻されています。その後、日外アソシエーツから『百花園』全冊がデジタルイメージとして復刻されました。

創刊から四年間ほどは、人情噺が盛んに掲載されましたが、その後は、落語が中心になってきます。さらに、末期になると、ネタ切れにおちいったのか、掛け捨ての新作風の作品が増え、質の低下は隠せなくなってきます。

『明治大正落語集成』で、〝甚だしく纏まりを欠く数話〟として掲載を見送られた落語があります。落語家が演じた義士伝などの講釈ネタ、三遊亭圓朝・柳家小さんらの小噺、談洲楼燕枝《だんしゅうろうえんし》・橘家圓喬《えんきょう》らの短い三題噺に加え、以下の三席が復刻を見送られたものです。

【廓大学《くるわだいがく》（禽語楼《きんごろう》小さん）】第三一・三二号（明治二三年八月）。吉原細見《よしわらさいけん》（遊廓のガイドブック）を読みふける息子を父親はどなりつける。息子はこれは四書五経の『大学』だと口答えする。それなら読んでみろと言わると、吉原のことを『大学』の文句をもじって器用に言い抜ける――。決してまとまりのない噺ではありません。『名人名演落語全集』第三巻（立風書房、一九八二年）に掲載されています。

【一生の不作（四代目柳亭左楽《さらく》）】第二二〇号（明治三二年三月）。内容は「紙入れ」。ランプ、巡査、姦通罪とか、明治の風俗が取り入れられています。はやばやと第三号に「鼻毛」と題して「紙入れ」の速記が載っているので、重複を避けたのでしょう。

【もみぢ(初代三遊亭金馬)】第二二九号(明治三二年一二月)。「やかんなめ」の改作。「やかんなめ」は、第九五号に「梅見の薬鑵《やかん》」の演題で速記が載っています。

「梅見の薬鑵」は、亀戸の臥龍梅《がりょうばい》(東京都江東区)を見物に行ったときに、妙齢の女性にハゲ頭をなめられる落語です。「もみぢ」は、季節と舞台を変えただけで、筋立てはほとんど変わっていません。改作とは言え、「もみぢ」は旅の落語であり、新しい地名も出てきました。それでは、「もみぢ」を軽く歩いてみましょう――。

元吉《もときち》、金蔵《きんぞう》の二人連れが、真間《まま》から国分寺へと紅葉狩りに繰り出した。市川の渡し船を下り、ぶらぶら歩きはじめると、後ろから呼び止められた。振り返ると、同船していた二十四、五のご新造の連れの女中だった。

「恐れ入りますが、私の主人があなたにぜひお目にかかりたいと申しております」、「私、ひとりにご用でございますか。おぅ、金蔵。お前、悪いが一人で真間の紅葉を見てきてくれ」、「俺はイヤだ。お前がつきあってくれってえから来たんじゃないか。紅葉は見ないで、お前のあとをついて行く」、「どうぞ、喧嘩をなさらないで。それではご両人でおいで下さいませ」。

茶店に入ると、屏風の奥に、くだんのご新造が伏せって苦しんでいる。

「手前の主人は大の癪持《しゃく》ち。どうかお願いがございます」、「私のできることなら、何でもいたします」、「ありがとうございます。主人の癪は、どういうわけか、宅にあるヤカンをなめると治まります。本日はあいにく出先でヤカンがございません。あなたのおつむりを拝見いたしますと、合い薬のヤカンにそっくり。どうぞ、なめさせてやって下さいませ」。「よお、色男。胸がせいせいした。さあ、たんとなめてもらいねえ」、「しょうがねえなあ。ちょっとですぜ」。元吉が頭を差しだすと、ご新造は夢中でなめはじめる。本物のヤカンではないので、いくらなめても癪が治まらない。苦しいから元吉の頭をガリガリッ。頭から血が出てきたのを見た金蔵が、「ああ、これで気がすんだ。真間へ行かずに、お前の頭の紅葉を見た」。

かつて、真間国府台《こうのだい》（千葉県市川市）は紅葉の名所で、三遊亭圓朝の人情噺「粟田口霑笛竹《あわだぐちしめすふえたけ》」でも、紅葉狩りに乗じて主人公を崖から突き落とす場面が出てきます。江戸川を真間方面へこえる市川の渡しが新しい地名になります。江戸川区北小岩と千葉県とを結ぶ渡船で、現在は市川橋にとって代わっています。江戸川の堤防に登っても、何組もが同時に草野球をしているのっぺりとした河川敷が広がっているだけで、その景色から渡し場のにぎわいを想像するのは容易ではありません。京成線の江戸川駅のすぐ南に、市川道を示す道標が、ブロック塀の陰ながらも原位置で残っており、渡船場の常燈明《じょうとうみょう》は宝林寺（北小岩三丁目）に移設されています。佐倉道にあった関所は河川敷内に埋もれてしまい、もはや位置は定かではありませんが、市川側の堤防上には市川関所跡の碑が立っています。

今の真間に紅葉を期待しても、石碑などの名残りのものしかなさそうです。それならば、国府台城跡である里見公園のサクラの時季に訪れるとよいのではないでしょうか。松戸方面へのバスもひんぱんに通っています。さらに一足のばせば、風情ある矢切《やぎり》の渡しに出ます。船で江戸川を渡ると、いつも参詣客でにぎわっている帝釈《たいしゃく》さまや、川魚料理の店がならんでいる柴又《しばまた》(葛飾区)へ出られます。

文芸倶楽部「狸の娘」

『文芸倶楽部』は、明治二八年(一八九五)一月から昭和八年(一九三三)一月までの三九年間に、五八六冊が発行されました。文芸誌としてスタートし、樋口一葉、泉鏡花、幸田露伴、岡本綺堂などの有名作家の作品が掲載されてきました。明治二九年(一八九六)一月に圓朝の落語「畳水練《たたみすいれん》」が載り、第三巻第一二編からは毎号のように講談・落語速記が掲載されました。最終号である第三九巻第一号には正岡 蓉《まさおかいるる》(のちの容)の「モダン嘘つき弥次郎」、その前の月には、サトウ・ハチローの新作「洒落区長」が載っています。

なかには、二代目桂小文治の「吾輩は犬である」(大どこの犬)、八代目入船亭扇橋《いりふねていせんきょう》の「噫!

何たら艶福?・」(なめる)や五代目三遊亭圓生の「ピキピッピキピッピピキピ」(越後屋)のように、演題だけでは何の噺か想像もつかないものもみられました。懸賞新作落語の募集も行われ、あわせて九〇作ほどの新作落語が掲載されています。そのうちのいくつか(「二人書生」「意地くらべ」など)は、今に伝わっています。

『文芸倶楽部』に載った落語は七五〇席近くになります。戦後の書籍に見つからない珍しい落語をピックアップしたところ、かなりの数が見つかりました。落語散歩から離れすぎますので、演者、演題、掲載号を書くにとどめておきます。

四代目三遊亭圓生「畜生め」(明治三〇年一一月号。「梅川忠兵衛」の演題で、柳亭小燕枝の速記もある)、五代目翁家《おきなや》さん馬「馬鹿竹」(明治三四年四月号)、六代目桂文治「匙加減」(明治三四年七月定期増刊号〝滑稽道中旅鞄〟)、二代目三遊亭圓馬「三人兄弟」(明治三八年一〇月定期増刊号〝落語大全〟。上方落語の「三人兄弟」とは別話で、外国の寓話を翻案したもの)、二世曽呂利《そろり》新左衛門「柿取」(明治四〇年四月定期増刊号〝落語十八番〟)、四代目春風亭柳枝「踏台」(明治四四年一〇月定期増刊号〝古今妖婦伝〟)、八代目入船亭扇橋「酢瓶《すがめ》」(大正二年一〇月号)、三代目柳家小さん「狸の娘」(大正五年一〇月定期増刊号〝政談五人娘〟。青蛙房の『落語事典』に載っている「狸娘」とは別話)、初代三遊亭圓右「上方芝居」(大正六年四月定期増刊号〝講談落語 百物語〟。「長崎の赤飯《こわめし》」の別題とされるが、噺の内容はずいぶんと違う)、二代目桂米丸「御座詣《おざまい》り」(大正七年三月号)、五代目柳亭左楽「紺屋《こうや》ちがひ」（大正一〇年八月号。「絞り紺屋」の演題で知られる）、五代目三升家《みますや》小勝《こかつ》「加藤清正」（昭和三年四月号。「虎狩」の演題で知られる）。

この中から一作、「狸の娘」を紹介しましょう――。

狸の娘という大岡政談のサゲをつけた古い話を申し上げます。大岡越前守が、まだ山田奉行のころの話。伊勢山田在柏木村の名主治右衛門《じえもん》には、たまという娘がいた。妻が死に、治右衛門は古市《ふるいち》の女郎きちを後妻に迎える。おきちは、たまを憎み、同い年の実子おぶんを跡取りにしようと狙っている。風邪が元で治右衛門が死ぬと、おたまへの折檻《せっかん》がはじまる。ある晩、ピカピカ光るナタを持った鬼女がおたまの寝室に入ってきて、明け方まで冷たい手で顔をなでたりする。まんじりともせず夜が明けると、おきちはいつもに増して用を言いつけてくる。これが三晩続き、とうとう、おたまは母の形見の匕首《あいくち》で鬼女を刺し殺してしまう。物音に驚いた家人が見ると、死んでいるのは、般若の面をかぶり、赤だの白だのの異様な服を着た継母のおきちだった。大岡奉行は、たまが殺したのは狸である、狸はきちを食い殺し、きちに化けていたのだと裁いた。納得いかないおぶんが食い下がると、お前も子狸ではないのか、拷問にかけて調べるぞ、とはねつける。おぶんは、すごすご引き下がる。村のものが、「おぶんの子狸め、とうとう尻尾を出しやがった」。

大岡能登守（のちの越前守）忠相《ただすけ》は、正徳二年（一七一二）から六年（一七一六）にかけて、実際に山田奉行を務めていました。落語では、マクラに落語「佐々木政談」と同工の池田大助のエピソードを語っています。新地名となる山田奉行所(伊勢市)は、宮川河口部の右岸、小林《おはやし》・上條にありました。新築再建された建物が、山田奉行所記念館として公開されています。

上方はなし「大阪名所　四季の夢」

雑誌『上方はなし』は、昭和一一年(一九三六)から一五年(一九四〇)にかけて四九冊が発行されました。上方落語の衰退を愁《うれ》いた五代目笑福亭松鶴や四代目桂米團治《よねだんじ》らが、上方落語について余さず活字に残しておこうとしたものです。そのため、珍しいネタを拾いあげるよりも、上方落語を代表するネタを収めようとしています。この財産は、後代に受け継がれており、戦後の速記本でほとんどの演題を見ることができます。上下二巻の復刻版が三一書房から発売されています。

戦後の速記本に載っていない落語は、以下の五題でした。「大阪名所　夫婦喧嘩」「大阪名所　四季の夢」と古い落語の記録として掲載された「逆《さか》い夢」、そして新作落語の「豆炭」「馬場の狐」の二題です。

「大阪名所　夫婦喧嘩」「大阪名所　四季の夢」「逆い夢」は、それぞれ上方らしい遊び心に満ちた作品です。ごく一部を引用します。

「座摩見い、人が御堂《みどう》三度いうて聞かせても本町橋《ほんまちばし》、博物ブッとぼやきやがって、サアここへ来て平野町《ひらのまち》堺卯《さかう》さんになって、両手をついて御霊《ごりょう》けんとあやまらなんだら文楽るぞ」

（桂米輔「大阪名所　夫婦喧嘩」）

野田の影藤が盛りゆえ、それを見て、此処まで来たよってに、三番の萩を見て来よう。十《じゅう》三《そう》の杜鵑花《さつき》も盛りであろう。十三の土産に焼餅を買《こ》うて、浦江の聖天《しょうでん》さんの杜若《かきつばた》を見て

（笑福亭松鶴「大阪名所　四季の夢」）

橋の中ほどで八卦を見てもろうているのが木下藤吉郎、弁慶が千人斬をするというていると俵藤太が百足《むかで》を射ると弓を持って立っている

（三代目笑福亭松鶴写「逆い夢」）

「大阪名所　夫婦喧嘩」は、夫婦がお互いにののしり合う様子を、大阪の地名を織りこみながらつづっています。トータルで一七〇カ所もの地名が出てきますし、それがほぼ順番に歩けるようにならんでいるのはお見事というほかありません。

「大阪名所　四季の夢」も、大阪の名所を見物しながら、うまいものを食おうとあちこちを散策する噺です。こちらもトータルで一〇〇カ所もの地名が出てきます。花の名所や季節の祭が、思いつくままといった感じで次々とならべられますが、桜の次は雪といったように、話しているうちに季節がどんどん変わっていくところがミソです。私は、この噺から大阪の花の名所を知りました。

例文にあげた中でも、ノダナガフジ、ことに障子に映る影藤は野田(福島区玉川)の名所でした。「軽業《かるわざ》」という落語で、綱渡りの口上に、〝古いようだが野田の古跡は下がり藤〟の文句が出てきます。三番の萩とは、東光院萩の寺のことで、三番(北区中津)から豊中市へ移転しています。浦江の聖天さんは、福島区鷺洲《さぎす》の東寺真言宗了徳院のこと。カキツバタの名所です。こんな風に、一つずつあげていってはキリがありません。半ばは今も残り、半ばは落語の中でしか残っていないといったところです。

「逆い夢」は、芝居や故事を知らないとわからない話です。大坂から南へ歩いて行くと、さまざまな歴史上の人物に出会います。最後に堺市との間に架かる大和橋で、泥棒に金をもらったので、その辻占《つじうら》をたずねると、「そりゃ北詰か南詰か」、「南詰や」と答えると、「そらあかん、さかい夢や」。例文に引いたのは、橋つながりの人物。秀吉の矢矧橋《やはぎばし》、弁慶牛若丸の五条大橋、大ムカデ退治の瀬田の唐橋《からはし》と、これだけの短い文句でも三カ所の大阪以外の土地を訪れることになります。これ以外にも、駕籠つながり、巡礼乞食つながり、財布つながり、三味線・琴・笛・鼓の楽器つながり、傘つながり、泥棒つながりと、意表をついた連鎖が目白押しです。

新百千鳥「牛かけ」

大阪駸々堂《しんしんどう》から発行された雑誌『百千鳥《ももちどり》』『新百千鳥』に、上方の講談・落語が載っていることは知られていましたが、実物を見ることは難しい状態です。旭堂南陵《きょくどうなんりょう》の『明治期大阪の演芸速記本基礎研究』(たる出版、一九九四年)に、『百千鳥』にはじまる一連の講談落語雑誌の全容が示されています。

『百千鳥』は、雑誌連載時から、各話を合本すれば書籍化できるような体裁で版組されており、実際に多くの落語・人情噺が単行本化されています。中でも、二世曽呂利新左衛門の『滑稽伊勢参宮』『滑稽大和めぐり』『噺家一人旅』という三種の連作は、旅ネタが満載です。

珍しい落語も多いのですが、一作だけ取り上げるとすれば、『滑稽伊勢参宮』に収められた「牛かけ」でしょう。上方落語の旅ネタで、唯一活字化されていなかったのが「南海道牛かけ」という落語です。南海道とあるからには、紀州路を行く落語のはずです。『滑稽伊勢参宮』では、伊勢詣りのルートに組みこむ都合上、舞台を伊勢路の亀山あたりに置きかえています——。

似多八《にたはち》、紛郎兵衛《まぎろべえ》の二人の伊勢詣りが、ぼったくりの宿屋に泊まり、夜中に体よく追い出されてしまう。山中で牛を連れた農夫に出会い、頼みこんで牛の背に乗せてもらえた。居眠りするなと言われた似多八が大声で歌ったので、驚いた牛が駆け出し、しまいに似多八は振り落とされてしまう。そこにいたのが二人の男女。色情狂の娘が出刃包丁で恋人を刺そうとしている。男は逃げ出し、代わりに似多八がブスリと刺された、と思うと、出刃包丁は銀紙を貼ったにせ物。女がいつも暴れて困るので、家族があらかじめにせ物を渡してあるのだ。そこへ、この包丁を探している男が現れた。「お前は誰や」、「私は出刃包丁拾いで。これをもって行くと酒がもらえます」、「それなら酒屋の切手と同じだな」、「どうして」、「切手の裏に書いてあるわい。それ、切れ物(容れ物)ご持参」。

切手(引換券)には容器代は含まれていないという習慣を踏まえているサゲです。

筋立てはわかりましたが、舞台取りが伊勢では看板に偽りありです。〝南海道〟とあり、しかもオオカミが出るような山の中ということから、今の阪和線山中渓《やまなかだに》駅から雄ノ山《おのやま》峠(大阪府阪南市～和歌山県岩出市)にかけて、またはそこからちょっと道に迷ったあたりの山中が適当だと思われます。当代桂文我《ぶんが》師は、この速記を元に、紀州加太《かだ》の浦から吉野へかけての山中へ舞台を移して、復活口演しています。

騒人社の名作落語全集

一九二九年から三〇年にかけて、騒人社という出版社から一二巻ものの『名作落語全集』が出版されています。演者名が書かれていますが、この記載は必ずしも正しくありません。探偵白浪篇、滑稽道中篇、恋愛人情篇など、噺のジャンルごとに各巻がまとめられています。各巻のカバー色が異なり、人気投票などの記事が載った月報が入っています。今、読んでもすこぶる面白く、できれば手に入れたいシリーズです。

騒人社の全集にしか収められていない落語は、以下のとおりです。

「家庭芸者」、「布引《ぬのびき》」(「布引の三」の演題で知られている)、「崇禅寺《そうぜんじ》馬場」、「小夜ごろも」(人情噺の「小夜衣草紙《さよぎぬぞうし》」とは別の落語)、「九尾の狐」、「蓮の真誠《まこと》」、「武者修行」(「関津富《せきのしんぷ》」という演題で知られている)、「刀屋」(「おせつ徳三郎」の後半ではなく、「怪談牡丹燈籠」の発端部)、「魂違ひ」(「魂の入れ替え」という演題で知られている)、「徳利妻」の一〇題。

【布引】布引の名前は、歌舞伎の「源平布引滝」で耳にしたことがあるかもしれません。「布引の三」は、その「源平布引滝」の三段目の略称で、それをお産とかけるというのは、ちょっと理解できなくなっています。布引の滝自体は、新幹線の新神戸駅の近くにあります。新幹線のガード下に、布引の滝への案内板が貼ってあったりして、駅から歩いて行ける穴場的スポットです。雄滝雌滝《おんたきめんたき》の二本の滝が、片や稲妻のように激しく岩を打ちながら、片や布を流したように緩やかに泡立ちながら流れています。

【崇禅寺馬場】崇禅寺馬場と言えば、返り討ちというのが、決まり文句で通じたのはいつ頃までのことでしょうか。私が大阪の友人宅に泊まったとき、今日は崇禅寺に行くといったら、お父様に「返り討ちやな」と言われました。少なくとも大阪ではこの対句が生きていました。崇禅寺は、阪急京都本線の崇禅寺駅から、というよりも、新幹線の新大阪駅からも歩いて行ける範囲にあります。崇禅寺門前の馬場で敵討ちに臨んだ遠城治左衛門《えんじょうじざえもん》および安藤喜八郎兄弟が、仇の生田伝八郎《いくたでんぱちろう》に返り討ちにあってしまいます。このことは浄瑠璃に語られ、人々に広く知られることになりました。「崇禅寺馬場」という落語でも、追いはぎに出た二人の間抜けな男が、めっぽう強い飛脚にこっぴどくやられてしまいます。いったいどこだと見てみたら、崇禅寺馬場、道理で返り討ちになるわけだ、という噺です。

三芳屋「地震加藤」

先に書いたように、三芳屋からは数十冊の落語速記本が出版されています。戦後の落語速記で見られない話をピックアップすると、二代目三遊亭圓遊「世辞無世辞」、四代目笑福亭松鶴「附焼刃(稲荷の土産)」、二代目桂文之助「強慾五右衛門」「象の足跡」「地震加藤」「位競べ」「茶碗屋裁判」、二代目三遊亭小圓朝「臼井の夢」「狸の遊び」、二代目三遊亭遊三「狸寝入り」「今晩(みょうばん)」、三代目桂文團治「太閤の白猿(秀吉の猿)」「焼物取り」「鳥黐《とりもち》番部屋」、金原亭馬生「刀屋小僧」、七代目朝寝坊むらく(三代目三遊亭圓馬)「故郷へ錦」(艶笑噺でない方)、「名人昆寛《こんかん》」「御洗足《せんそく》」「長袖」「逆さの蚊帳《かや》」「犬の字」、二代目三遊亭圓左《えんさ》「王子の白狐」などになります。

この中から一席だけ、上方落語「地震加藤」を紹介します——。

主家の子どもを殴ってしまい、清八《せいはち》は主家を出入り止めになる。これを見た隠居が、加藤清正のエピソードを説いて聞かせた。「昔、加藤清正が中傷され太閤秀吉から勘気をこうむった。桃山の大地震の時にいち早くかけつけ、秀吉に赦された」と聞いた清八は、火事や地震を探して歩く。自分の家の前が火事になっているのに、遠くはなれた主家に駆けつけた。「昔、清正公は……」。これを聞いた旦那は、清正のひそみにならったなと感心して出入りを許した。「私が死んでも、倅《せがれ》の代までつとめておくれ」、「あんたを太閤さんと思うくらいだす、関白《わんぱく》の代までつとめまする」。

「地震加藤」のエピソードは、芝居にもなっています。揺り返しの中、おこつきながら伏見城にはせ参じる場面は見ものです。太閤の築いた伏見城は跡形もなく、戦後になって観光施設の模擬天守閣が建てられました。しかし、この施設も閉園してしまいます。豪放磊落な加藤清正は、熊本人はもちろん、江戸っ子もひいきです。白金、浜町の清正公《せいしょうこう》は、江戸で人気の神様です（「黄金餅」「清正公酒屋」）。朝鮮出兵の時に虎を退治した逸話（「虎狩」）、福島正則らとの茶会（「荒茶」）、毒饅頭で暗殺された伝説（「子別れ」）など、いずれも落語に取り入れられています。

圓左新落語集「荒川の桜」

これまでの探索でも補えなかった落語については、一つずつ丹念に落ち穂拾いをするしかなさそうです。その中から一件だけ、初代三遊亭圓左の『新落語集』（小槌会、一九〇六年）に収められた「荒川の桜」を紹介します。

桜の名所としての荒川は、「鶴満寺《かくまんじ》」(『桂文楽全集』下、立風書房、一九七四年)など二題の落語に出てきます。そのものずばりの「荒川の桜」という噺は、どうしても内容を知りたかった落語です。荒川というと、埼玉県熊谷市の荒川堤の桜と勘違いしそうですが、これは隅田川の上流、東京都内の荒川のこと。もっとも、落語「宿屋の仇討」にも出てくる熊谷堤も、堤防の位置が今と変わっており、落語に描かれたのは別の場所です。花の色は移ろいやすいようです。それでは、忘れられた名所、荒川の桜を見に行きましょう――。

旦那と大工、幇間の三人が、千住大橋で船からあがり、土手を散策しながら荒川名物五色桜の一つ、墨染桜を見物している。大工の棟梁に、「実に何ですネ、とんと桜のトンネルを潜るようです」とまで語らせている。桜見物の帰り船が、鐘ヶ淵《かねがふち》でぴたりと動かなくなった。これは鐘ヶ淵の主のしわざだと聞いた棟梁が、棒で水を突いたとたん、ぐうっと水の中に引きこまれてしまった。みるみるあたりの水が真っ赤になったかと思うと、船が動き出した。気の毒なことをしたと、竹屋の河岸(二六頁)にあがり、船頭に淵の主はどんな化け物か聞くと、「あすこの主は緋鯉《ひごい》だそうで」、「道理で棒《ボウ》ふり《フラ》が飲まれてしまった」。

サゲまで読むと、拍子抜けするような落語です。

千住大橋からしばらく上流の方、荒川堤に桜が植えられていたのは昔の話。国名勝に指定もされていたのですが、洪水や荒川放水路の開鑿《かいさく》によって土手が崩されて以降、荒川の五色桜は失われてしまいました。いまも復活の思い強く、五色桜大橋などといった名を橋につけていますように、荒川放水路が掘られた上、そちらを荒川と呼ぶようになったことが、地理的に混乱しやすいようです。五色堤公園(足立区江北二丁目)に荒川栽桜記碑が立っています。私が訪れたときは、申し訳のように数本ながら桜が復活していました。荒川の桜よ、とうとうやって来たぞと、逝ってしまった名所を供養をしてあげたような気持ちになりました。

コラム 迷誤記クイズ

落語の速記本が出版されるまでには、口演、速記、編集と、いろいろな段階で、ミスが起こりがちです。私が迷った迷誤記、正解がわかりますでしょうか。

北は入江長良町、南は川崎天満村(「素人茶番」)――大阪の地図を見ても、それらしいものが見当たりません。今ならば、ネット検索すれば一発で正解にたどり着くでしょう。浄瑠璃の『ひらかな盛衰記』に、「四方をきっと見渡せば北は海老江、長柄の地、東は川崎、天満村」とあるように〝えびえながらのち〟の読みが正しいのです。江戸弁を〝えりえながらまち〟と聴き取ったのですね。

安全寺の瓢亭(「浮世話」)――会席料理と言うからには、ミシュランガイドで三つ星を獲得した高級料亭の瓢亭《ひょうてい》(京都市左京区)のことでしょう。すると、これは速記者のミスで、南禅寺のこと。食べものだけに安全安心を思いついたのかもしれません。瓢亭の懐石料理はとても手が出ませんが、有名な瓢亭玉子だけでも食べてみたいものです。

善光寺の階段廻り(「お血脈《けちみゃく》」)――善光寺に秘蔵されているお血脈の御印を盗もうとする落語。善光寺の本堂から、手すりのついた階段を降りて行くと、真っ暗な地下の回廊には明かりは一つもありません。暗闇に目が慣れてきても、それでも何も見えません。前の人の背中について、壁を手探りで進んで行くと、本堂の中心、阿弥陀様の下あたりに、錠前がついている、はずです。これに触れると、極楽に行けると言われています。持ち上げるとガチャリと音がするほどの大ぶりの錠なのですが、見当違いのところを触って歩くと見つかりません。後戻りするわけにもいかないので、がっかりして階段を上って出たことがあります。戒壇廻りならぬ、階段廻りは、何となく正しいような気もします。

あたみが原――奈良を舞台とした落語に出てきたのですが、何年もわからないままでした。曽呂利新左衛門が実演したSPレコードを聴いても、たしかに〝あたみが原〟と聞こえます。ふとしたことから、〝浅茅《あさじ》が原〟だと気づいたときには、思わずヒザをたたいてしまいました。

神田堅大工町――この地名は、よく間違えて印刷されています。竪大工町《たてだいくちょう》と唱えているはずなので、速記のときではなく、植字か校正者のミスでしょう。ちなみに、私が確認した四八件中、八件も堅大工町となっています。なお、横大工町は出てきませんでした。え、本当にある地名ですよ。

弘前《ひろまえ》、船場《ふなば》、小宮山《こみやま》――城下町弘前《ひろさき》や大阪船場《せんば》の読みを間違えるはずがなく、編集段階で変なルビをつけたのでしょう。本来ならば、口演をそのまま書き取っているはずの速記文の読みが、信用ならないこともある例です。小見川《おみがわ》の方も、見の字を宮、川を山と誤植した上に、ご丁寧にもルビまでふっています。

3　どこにもない土地を歩く

地獄極楽

先ほどは、まだ見ぬ珍しい落語や地名を求めて、明治大正時代の本や雑誌をたずね歩きました。今度は、まだ訪れたことのない場所になんとか行ってみようという話題です。たとえば、龍宮城や鬼ヶ島、三途の川、地獄、極楽などの名前は、落語にもよく出てきます。そんな場所にできることならば行ってみたい、そうでなくとも行った気になってみたいとは思いませんか。

人間国宝の三代目桂米朝が復活させた「地獄八景《じごくばっけい》」という長い上方落語では、この世での遊びにも飽きたから、ちょっと地獄にでも行こか、ということで、芸者や幇間を引き連れた旦那は、フグをたらふく食べてフグに地獄へと、遊山気分で旅立ってしまいます。

落語には、「死ぬなら今」という後味の変な噺があります。亡者が娑婆《しゃば》から持ってきたニセ金を、本物の金だと思って使いこんだ地獄の鬼たちがみんな捕縛されてしまい、地獄はもぬけの殻。死ぬなら今、というものです。シャレに死んでみるのも一興ですが、地獄か極楽の片一方しか見られません。この世にも受験地獄やら極楽の湯があるようです。できれば、この世にいながら、架空の地名や想像上の地名をめぐってみたいと思います。

想像上の地名

五代目古今亭志ん生の十八番「火焔太鼓」に、鎮西八郎為朝《ちんぜいはちろうためとも》が小野小町に送った手紙というお宝が出てきます。そんなものあるはずがない、だいいち時代が違うと難癖をつけると、あるはずのないものだからお宝だと言い返します。あるはずのないものを探すのは、お宝探しの醍醐味です。

たとえば、須弥山《しゅみせん》や蓬萊山《ほうらいさん》のような、仏説・神仙思想に基づいた想像地名ですと、大名屋敷の回遊式庭園を探したりしてはいかがでしょう。お寺の仏像が安置された場所は須弥壇ですし、庭にも仏教教義に由来する名石が置かれていたりします。結婚式は蓬萊の島台ですし、引き出物の饅頭も蓬萊かもしれません。だんだんと言葉遊びみたいになってきましたが、「ないもん買い」という落語では、あるはずのないものをこじつけて売り買いするところがご趣向です。

三途の川は、恐山《おそれざん》のような荒涼とした火山地帯を流れる川の名になっていたりします。地獄極楽は、新潟市内にセットで見つかりました。かつて刑務所と遊廓が隣接しており、地獄極楽小路と名づけられていました。いわゆる悪所《あくしょ》も〝地獄〟と呼ばれました。「臆病源兵衛」という落語では、すっかり自分が死んだと思い、高輪あたりの私娼窟を地獄と勘違いします。一方、岐阜県を走る明知《あけち》鉄道には、なんと極楽駅がありました。鉄道会社も、それに乗っかって、極楽行きのきっぷを販売したりもしています。

龍宮城は水族館のアトラクションにありそうです。リュウグウノツカイという優美な姿の魚が図鑑に載っていたりします。ずばり、龍宮城の地名は、壱岐島《いきのしま》(長崎県)のはずれの岬で見かけました。本当の名前の嫦娥島《じょうがじま》も神秘的です。月の晩に、誰も来ないこの龍宮城の入江にたたずみたい気分です。

日本神話に出てくる天岩戸《あまのいわと》は、宮崎県高千穂《たかちほ》をはじめとする観光地です。イザナギ・イザナミ国生みのおのころ島は淡路島の自凝島《おのころじま》神社。イザナギ・イザナミがそこに立って国造りをした天《あめ》の浮橋《うきはし》は、神社のそばにあります。死んだイザナミに追いかけられ、イザナギが岩戸でふさいだ黄泉《よみ》の国の入り口は、島根県の黄泉比良坂《よもつひらさか》にあります。高天原《たかまがはら》は奈良県葛城《かつらぎ》の山中にあり、御所《ごせ》駅からコミュニティバスに乗って訪問しました。

小佐田定雄作の「幽霊《ゆうれん》の辻」という新作では、水子池、獄門地蔵、父《てて》追い橋、首くりの松、幽霊の辻と、おどろおどろしい架空地名をならべて、道をたずねてきた一人旅の男を怖がらせています。架空地名の中には、「山号寺号《さんごうじごう》」の一目山随徳寺《いちもくさんずいとくじ》や南無山仕損寺《なむさんしそんじ》のように、一見して実在しそうなものもあります。上野で実際に随徳寺というお寺を見つけたときには、思わず表札の写真を撮ってしまいました。そう言えば、前章で紹介した「黄金餅」の麻布絶口釜無村も架空地名です。読みが同じ、というかモデルになった、実在する絶江を代わりに訪れています。

もじり織りこみ

『上方はなし』の「大阪名所 夫婦喧嘩」では、地名をもじって喧嘩の文句にしていました。実際に登場人物がその場所で活躍しなくとも、このようなもじり、織りこみのような素材に地名が使われることもよく見られます。実舞台ではないとすれば、噺の筋とは無関係に、意表をついた地名を出すことができます。ここで、いろいろなパターンを整理してみたいと思います。

【マクラ】演者自身の言葉で語るものです。「鰍沢」で日蓮上人の霊跡を説明したり、「てれすこ」で各地に残るユニークな方言を紹介したりしています。

【産地・出身】「たらちね」の父はもと京都の産ですし、赤ん坊を賞めるとタダで灘の酒が飲めます。このあたりは地名に分類しても異論はないでしょうが、〝アメリカ人の奥さん〟や、〝博多の帯〟、〝結城を着る〟ではいかがでしょうか。宇治を濃く入れて、となると、地名を飲んでいるかのようです。宇治茶や神戸牛といっても、必ずしも宇治市に茶畑、神戸市に牧場があるわけではありません。浜ちりめん(「汲み立て」)、新田西瓜(「大丸屋騒動」)など、ちょっと聞いただけでは地名とはわからない特産もあります。

【誇張・飛躍】「鰻の幇間《たいこ》」で、まずい蒲焼きを自腹で食べさせられた幇間が、「この鰻は天井裏で捕れたんだろう」と毒づく場面があります。これを、南ベトナムで捕れた、とした速記もあります。同じ「鰻の幇間」で、手土産をもって置屋の家にあいさつに行ったところ、修善寺に湯治に出かけて留守で、土産だけ取られてしまいます。次の家では、姐《ねえ》さんは修善寺に湯治ですかと予防線を張ると、那須へ湯治と言われます。湯治は修善寺と決まったわけはないので、ごく普通の返事なのですが、那須におかしみが生まれます。手ぬぐいをぶらさげた知り合いに会って、「お湯ですか」、「ええ、ちょっと入浴《ニューヨーク》に」などは、やはり飛躍の例でしょう。

【ホラ・夢オチ】「弥次郎」さんは、〝おはよう〟のあいさつまでも凍る厳冬の北海道旅行の土産話をご隠居さんにします。ご隠居さんも、ホラと知っていて会話を楽しんでいます。「天狗裁き」では、夢の中身を語らなかったばかりに、西町奉行所に引っ張り出され、鞍馬の山奥で天狗に体を引き裂かれてしまいます。でも、それが全部夢でした。「芝浜」という落語では、革財布をひろったおかげで、ばくち好きの勝さんは、芝の浜に行ったことも、友達を呼んで酒を飲んだことも夢になってしまいましたし、三年後に立派な魚屋になったことまで夢かもしれません。

【故事来歴・入れ事】「高野違い」という落語では、高野山に旅行する相談の中で、井出の玉川、野路の玉川、調布の玉川、卯の花の玉川、野田の玉川、高野の玉川と六玉川《むたまがわ》の一つずつがご隠居さんの口から語られます。これが、演者自身の口から説明されれば、入れ事になります。

【台詞・歌詞】「くしゃみ講釈」などでは、落語の中で講釈の文句を語る、劇中劇の構成です。

「浮世床」では、姉川の戦いで真柄十郎左衛門《まがらじゅうろうざえもん》が敵にむかついているさまを、しきりに読書しています。銭湯の湯船の中で、〝嵯峨や御室の花盛り〟と歌っている「浮世風呂」。「蛙茶番」では、〝井出の玉川雪解けて〟と、ガマが舞台に出てくる芝居の台詞になっています。

【洒落・もじり】同じ玉川でも、「鮑のし」では、承らずに、〝うけ玉川〟へ行ったりしています。「城木屋」では、〝原は吉原、蒲原立てても口には由比かね〟。口説き文句に東海道の宿場を織りこんでいます。「大阪名所 夫婦喧嘩」では、地名をもじって喧嘩の文句にしていました。〝草加越谷千住の先よ〟や〝恐れ入谷の鬼子母神〟は、洒落になってはいますが、むしろ常套句です。

【道中付け・吹き寄せ】「黄金餅」で出てきた一連の地名が、道中付けの代表例です。〝市ヶ谷、二長町、山谷、四谷、五軒町、六間堀、七軒町、八丁堀、九段、十軒店〟と東京の地名をならべただけですが、一から十までの数字織りこみになっています。「切符」では、東海道線の駅を一五〇近くも順に唱えるという、物量の凄さが拍手につながります。「五目講釈」や「きめんさん」になると、あちこちの講釈の名台詞を継ぎ合わせており、飛躍や見立てのおもしろさも加わります。

失われた地名

すでに無くなってしまった場所も訪問しようがありません。大規模なものでは城や川、小さなものでは橋や路地、旅館や飲食店などです。市町村合併や住居表示の実施により、地図から消えてしまった地名もあります。

旧町名や橋の跡などについては、近ごろ自治体が説明板を建てるようになったり、親柱を保存展示したりするようになってきました。個人・団体が地名を表示してくれていることもあります。能楽・謡曲の舞台については、謡曲史跡保存会という団体が、各地に駒札《こまふだ》と呼ばれる木札を建てて、謡曲ゆかりの地を顕彰しています。落語のために、個人がこのような記念物を残してくれた例を知りません。一つだけ、それに近いものがありましたので、特記して感謝の意を表したいと思います。

本所達磨横町は、二席の落語にとって、とても大事な地名です。「文七元結《ぶんしちもっとい》」の長兵衛親方の住まい、「唐茄子屋《とうなすや》政談」の酸いも甘いもかみ分けた叔父さんの家が、達磨横町にあります。昭和五八年(一九八三)に、江戸本所郷土史研究会が墨田区東駒形一丁目に木製の立て札を建てています。区画整理によって道筋が変わっていますので、多少場所はずれているようですが、本当にありがたいことです。写真では文字が見えませんので、一部を引用します。

旧本所達磨横町の由来

江戸時代から関東大震災後の区劃整理まで此の辺りを本所表町番場町と謂い紙製の達磨を

座職（座って仕事をする）で作っていた家が多かったので　番場では座禅で達磨出来るとこ　と川柳で詠まれ有名であり天保十年（一八三九）葛飾北斎（画家）が八十一歳で達磨横町で火災に遭ったと謂はれる。
初代三遊亭円朝口演の「人情噺　文七元結」は六代目尾上菊五郎丈の当り狂言で（中略：文七元結の梗概）文七とお久は偕白髪まで仲良く添い遂げたと謂う。（後略）

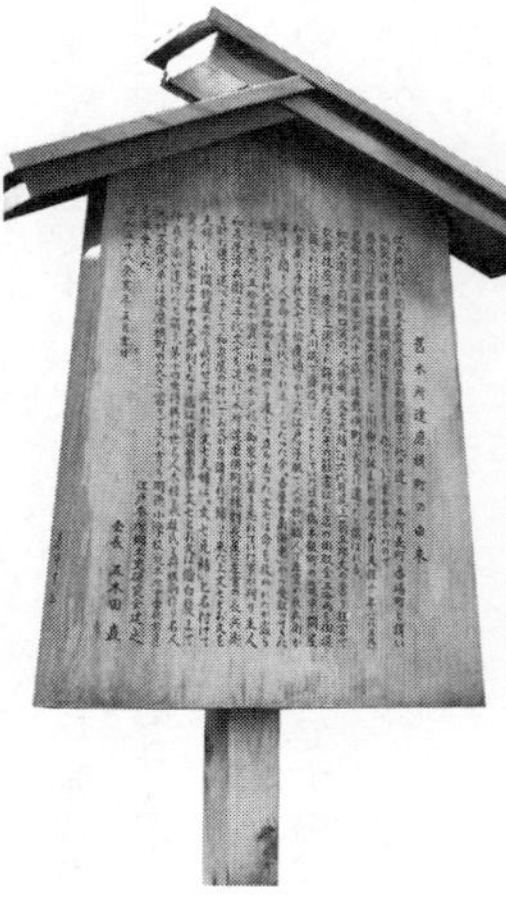

風情ある立て札でしたが、墨色は次第にあせてきており、ついには木札が朽ちてしまったのでしょうか。今は、区の教育委員会が建てた将棋の木村義雄名人の生誕地を示す金属製のプレートに置きかわっています。

失われたわけではありませんが、時代違いも、あり得ない地名の一つでしょう。たとえば、「岸柳島」で、厩の渡し船から飛び降りた武士に、「くやしかったら蔵前橋を渡ってこい」じゃ、まだ架けられてもいない幽霊橋になってしまいます（三六頁）。吉原から雷門まで飲食代を取りについて来た「付き馬」に、「大きな門だね」と言わせては変です。慶応元年に火事で焼けた雷門は一九六〇年まで再建していません。あら探しではないのですが、こんな間違いは、聴いていてドキッとします。

「試し斬り」という小噺では、新しい刀の切れ味を試したくて、護持院ヶ原(千代田区錦町、一ツ橋)に試し斬りに出かけます。護持院ヶ原《ごじいんがはら》は雉子橋《きじばし》から神田橋にかけての外堀沿いに広がる広大な火除地《ひよけち》です。もちろん、今は空き地のはずもありません。くまなく探すことは無理ですが、錦町三丁目の錦三公園に〝ごじいんがはら跡〟と彫られた、国旗掲揚台だったと思われる石柱が見つかりました。ほかにも、隅っこの方に由来のわからない石が斜めになって据えられており、いつ撤去されてしまうか油断ならない雰囲気ですが、とにかく、いわれがあれば石柱も宝物です。

強迫地名症

落語の旅ではなく遠出しているときでも、その場所が将来落語に出てこないか気になります。そこがなかなか行けない場所だったりすると、むずむずした気分になります。実際に、津軽半島の龍飛《たっぴ》岬、会津若松の藩校日新館、マグロの水揚げで有名な紀伊半島の勝浦、ヤマタノオロチ伝説の斐伊川《ひいかわ》、長崎の出島など、一度は近くまで行ったことのある場所が、新しく出版された落語速記本に登場してきてしまいました。どれも、気軽には行けないところばかりで、何年もかけて泣く泣く行きなおしをしました。

まだ見ぬというより、まだ生まれぬ落語地名を歩こうとするのですから、どう予想して、何を見ておけばよいかわかりません。今度これが出てきたらどうしよう、あれを見逃してしまったのでは、と悩みは尽きません。強迫神経症じみた強迫地名症に陥ってしまっています。

新しく出た場所にも行けず、これから出るかもしれない場所にさいなまれていては、精神衛生上よくありません。ひとつ気持ちを切り替えると、何を見ても、どこを歩いても落語に出るかもしれない場所を歩いているのに違いないわけで、落語散歩の先取りをしているのに過ぎないのです。そう思いなおすと、世間にはおもしろいものがたくさん転がっています。今まで、視野が狭すぎたようです。

ようやく、落語を離れた、落語逸歩を楽しむ境地に入れたようです。

コラム　刻まれた名店

近ごろでは、企業合併だ買収だと、欧米風の会社経営が盛んですが、もともと日本は老舗の残りやすい国でした。たとえば、寺社建築の組合や温泉宿の中には、なんと千年を超える歴史を持つものもあるといいます。

落語に出てくるお店も、時代の流れによって廃業したところの方が多くなってきています。そうでなくとも、場所を移転したり、業態を変えたりしています。落語の中で見おぼえのある店の名を、ひょんなところで見つけることがあります。そのいくつかをご紹介します。

【網彦】「お文《ふみ》さん」などに登場する、大阪北浜の名料亭です。写真の文字は、伏見稲荷山の参道で見かけました。肩に浪花橋南詰と彫られています。橋の方は東に架けかえられましたが、今も同じ場所の地下で、一一代目当主が割烹阿み彦を営んでいます。鰻料理が自慢です。

【島崎楼】品川宿にあった妓楼(貸座敷)です。「居残り佐平次」「三軒長屋」などに登場します。島崎楼は、土蔵相模、お化け伊勢屋などと並んで名前が挙げられる大店《おおだな》でした。品川では、なまこ壁で知られた土蔵《どぞう》相模《さがみ》が、さがみホテルとなって数十年前！まで残っていました。品川を含め、どの妓楼の建物も、現在残っているものは全くないといっていいほどです。〃嶋

崎楼〟の文字は、鎌倉建長寺の裏山にある半僧坊《はんそうぼう》の石塀で見つけました。半僧坊は天狗をまつっており、現在も希望者に祈禱をしています。長い石段を登ると、剣を振り上げた烏天狗の像がこちらを見下ろしています。その石塀に名前が彫られていました。

【神田立花】戦前、時局にそぐわない五三種の落語を禁演落語と定め、浅草本法寺に〝はなし塚〟を建てて封印しました。戦後、それらの禁演落語は法要が執り行われて復活し、代わって戦時の落語が封印されました。その本法寺の石積み塀に、噺家の名前や、東京各地の寄席の名前が朱色の文字で刻まれています。神田立花演藝場、麻布十番倶楽部、人形町末廣、上野本牧亭、川崎演藝場、昔の池袋演藝場……、今は営業をしていない寄席の名がここに眠っています。

第4章　三遊亭圓朝と人情噺

塩原多助一代記「上州数坂峠谷間の場」道具帳(国立劇場蔵)

1　独立峰——三遊亭圓朝

これまでにも何回か名前の出た、明治期を代表する落語家、三遊亭圓朝(一八三九―一九〇〇)の作品を取り上げます。代表作の「怪談牡丹燈籠」は、速記文学の嚆矢《こうし》です。何回も劇化され、歌舞伎や新劇で演じられているほか、ロシア語、ドイツ語、イタリア語に翻訳されています。圓朝の語り口は、書き言葉からの脱却を模索する言文一致運動の手本にもなりました。創作した長編人情噺の多くは、新聞に連載されており、いわば、新聞小説の先がけのようなものです。井上馨《いのうえかおる》、山岡鉄舟《やまおかてっしゅう》らの政治家、思想家との親交も深く、彼らに随行した見聞をヒントにした作品もあります。墓は鉄舟の開基になる全生庵《ぜんしょうあん》(東京都台東区)にあり、都の旧跡になっています。

人情噺の創作にあたり、構想を練ったり、現地を調べた内容をメモしたり、人物関係や年齢、事件の年表などをまとめた、手控えと呼ばれるものが残されています。私たちが簡単に目にすることはできないのですが、全集に写真図版として載っていたり(『三遊亭円朝全集』別巻、角川書店、一九七六年)、翻刻されています(『円朝全集』別巻二、岩波書店、二〇一六年)。完成された速記本文だけからではわからない、作者の息吹のようなものを感じさせてくれます。

ふたたび、落語を山にたとえてみると、東京落語も上方落語も往き来が可能な尾根続きの山脈ですが、自作の人情噺で築きあげられた圓朝作品は、一つだけ抜きんでた独立峰のおもむきです。落語歩きだけでは飽き足らず、圓朝作品の峰を極めてみたくなるのも、おわかりいただけるのではないでしょうか。

圓朝作品の舞台どり

圓朝全集に収録された中・長編作品は、およそ四〇作あります。その舞台は九州をのぞく日本全国にわたっています。登場人物は各県を越えてダイナミックに移動していますので、一枚の絵で重層的に表現するのは難しいのですが、圓朝作品のおよその舞台どりを図にしてみました(図7)。関東各県、特に群馬県はいくつもの噺の重要な舞台になっています。大長編「後開榛名の梅が香《おくれざきはるなのうめがか》(安中草三《あんなかそうざ》)」は、江戸市中、信州岩村田《いわむらだ》、安中、榛名山をはじめとして、木曽福島や土浦・筑波山といった周辺部までを舞台にする大作です。「敵討札所の霊験《かたきうちふだしょのれいげん》」は、越中高岡から山深い飛驒路、信州路を逃げる悪人を、同じ相手を敵とする若い男女が、西国三十三ヶ所を巡礼しつつ追いかけて行く仇討噺です。

安中草三：後開榛名の梅が香　　英国女王伝：英国女王イリザベス伝　　英国孝子伝：英国孝子ジョージ・スミスの伝
江島屋騒動：鏡ヶ池操松影　　蝦夷錦：蝦夷錦古郷之家土産

図7　圓朝作品の舞台どり

圓朝は、実際に現地を下調べしたうえで作品を創ることも多かったため、道中の地名の記述は実に正確でした。速記による誤記はもちろんあるのですが、誤記自体もなぞ解きの楽しみでした。

二〇一二年から、岩波書店より全一五冊の『円朝全集』が出版されています。かくいう私も、縁あって『円朝全集』の月報に「円朝を歩く」というタイトルで連載させていただきました。

序章で、制約があってこそ旅のアイデアが生まれると書きましたが、「円朝を歩く」を担当するにあたり、自分の中で三点の制約を設けることにしました。

1　該当する巻に登場する噺の舞台を取り上げる
2　日帰りで訪問する
3　公共交通機関のみを利用する

「円朝を歩く」で訪れた一五地点は以下のようになりました。

十郎ヶ峰の謎（栃木県）　怪談牡丹燈籠
榛名山裏表（群馬県）　安中草三・塩原多《しおばらた》助一代記《すけいちだいき》
浦賀の奇人（神奈川県）　松《まつ》の操美人《みさおびじん》の生埋《いきうめ》

宇津ノ谷峠三往復（静岡県）　鶴殺疾刃庖刀《つるごろしねたばのほうちょう》
夜歩く累ヶ淵（茨城県）　真景累ヶ淵
筑波山むかし道（茨城県）　緑林門松竹《みどりのはやしかどのまつたけ》
国府台の断崖（千葉県）　粟田口霑笛竹
熱海の軽井沢（静岡県）　熱海《あたみ》土産《みやげ》温泉利書《いでゆのききがき》
多摩川一日遡行（東京都・山梨県）　荻の若葉
宮脇志摩と四人の死（大阪府・東京都）　名人くらべ
一行庵《いちぎょうあん》と戊辰戦争（北海道）　蝦夷なまり
円朝登場（静岡県・山梨県）　火中の蓮華・鰍沢
歩きつかれて湯につかれ（東京都）　年始まわり
二居峠《ふたいとうげ》雪中行（新潟県）　後《のち》の業平文治《なりひらぶんじ》
ウェイランドの鍛冶場（英国）　英国女王イリザベス伝

細かなことですが、「蝦夷なまり」については2、「英国女王イリザベス伝」では2と3のマイルールから外れてしまいました。

各巻で一話しか選べなかったことから、圓朝の代表作でありながら漏れたものがあります。たとえば、「怪談乳房榎《ちぶさえのき》」「敵討札所の霊験」「鏡ヶ池《かがみがいけ》操松影《みさおのまつかげ》（江島屋騒動）」あたりでしょうか。人情噺に加えて、奥日光紀行文の「上野下野《こうずけしもつけ》道の記」(全集では「沼田の道の記」)も訪れてみたかった作品です。

圓朝作品に登場する数千件もある地名を列記しても芸がありません。落とし噺としての落語という枠からは外れますが、まぎれもない落語家が演じた作品を歩いた記録を紹介したいと思います。

「円朝を歩く」から一回分を転載し、さらに月報には収めることのできなかった「上野下野道の記」の旅を番外編としてご紹介して、大圓朝峰の登山記録といたします。

日本のドーバー海峡

翻案ものの「松の操美人の生埋」は、明治一九年(一八八六)に、やまと新聞の創刊にあわせて連載されました。アレクサンドル・デュマの『ポーリーヌ』が原作だと、最近の研究で明らかになっています。浦賀(神奈川県横須賀市)を実地調査した上で創作しており、実在の江戸屋半五郎を登場人物に配しています。隠し扉の奥の盗賊の隠れ家、床下に生き埋めになった美女などの猟奇的な描写あり、幇間との掛けあいの滑稽ありと楽しめる作品です。

オリジナルの地名との対比は、本文の中でも述べられていますし、手控えにも書かれています。フランス北部、カレーの港で起きた美女の生き埋め事件で、侠客のアレクサンドルが助け出し、ドーバー海峡を渡ってロンドンに女をかくまいます。圓朝は、これを三浦半島の先端、港町の浦賀に設定しました。房総半島との間に流れる浦賀水道が、ドーバー海峡にあたります。

まず、あらすじをご紹介しましょう。

浦賀の名主役石井山三郎《さんざぶろう》(アレクサンドル)と江戸屋半治が、池上の茶店で働くお蘭(コウラン)に出会う。山三郎が忘れていった紙入れを届けようとお蘭があとを追うと、侍が襲ってくる。それを助けたのが、改易となった金森家の元重役粥河図書《かゆかわずしょ》(ブリウ)だった。

命の恩人粥河と結婚したお蘭だが、夫はずっと別宅に行ったまま。浦賀にあるという別宅をようやく探しあて、隠し扉から奥座敷をのぞくと、粥河を首領とする悪党どもが集会を開いていた。中で女が縛られており、悪党らは口論の末、女を殺してしまった。それを見たお蘭は気絶してしまう。

石井山三郎と幇間の馬作《うまさく》は、海釣りで嵐に遭って馬堀《まぼり》海岸(横須賀市)に漂着する。通りかかった馬堀の定蓮寺《じょうれんじ》の床下に、破戒僧の海禅《かいぜん》が棺桶を埋めているのを見とがめる。誰もいなくなったすきに、棺の蓋を開けると、中には生き埋めにされたお蘭がいた。山三郎はお蘭を船底に隠し、役人の目をかわして上総《かずさ》の天神山へかくまった。

山三郎の母より手紙が来て、山三郎の妹のお藤と粥河とが結納したという。あわてて粥河のところへかけつけ、強引に破談にする。その晩、粥河より果たし状が届く。山三郎は、奉行を務める兄の一色宮内《いっしきくない》に会い、白馬をもらって決闘に臨む。粥河の繰り出す馬には馬、剣には剣、鉄砲には鉄砲で対抗する山三郎。粥河、かなわないとみると平伏し、坊主になって改心するから翌日アジトに来てくれと言う。山三郎は半治の兄の半五郎に事情を話し、粥河との決戦を決意する。

一方、海禅を抱きこみ、粥河の手下となった江戸屋半治。やって来た山三郎を毒酒で殺そうと計略を立てる。そこへ単身現れた石井山三郎。果たして山三郎の運命やいかに、お蘭は再び悪の手に落ちてしまうのか——。

浦賀の奇人——松の操美人の生埋

ヨーロッパを舞台にした原話を、圓朝は巧みに浦賀の風物を取りこんで「松の操美人の生埋」に翻案した。圓朝が現地調べをした際の絵図面が角川書店版の『円朝全集』図録に載っている。今日は、生き埋めにされたヒロインをかくまった天神山(千葉県富津市)への海路を偲ぶべく、船に乗って三浦半島から房総半島へと渡りたい。

実地調査に基づいた作品だけあって、実在の人名・地名がたくさん登場する。そのせいか、今回の地図はにぎやかだ。登場人物の一人、西浦賀の女郎屋の主人である江戸屋半五郎は、主人公の山三郎に粥河との決闘の後事を託される親分肌の男として描かれている。

深本は俗称を半五郎と云　わかかりし時　袁耽《ゑんたん》が業を好み　任侠豪雄遠近に聞えたり　中年娼家を開て奢侈尽くせざる所なし　ひととせ東都に遊びて　しかるべき宿縁やありけん貴僧の教化をえて　たちまち無常迅速のことはりを領会《りやうくわい》し　歌妓娼婦等を己が様々にかへしけり　立つらねたりし大厦《たいか》高楼《かうろう》　みな代かへて　因みある人のかぎり　俗の名残のかづけものとしなととのへて配り分ち　身は唯一衣一鉢の境界とおもひしめて　出さりぬ

（樋口有柳『近世浦賀畸人伝』文政一一年）

女郎屋の財産を突然すべてなげうち、僧として諸国を遍歴後、雁田《がんだ》の地蔵堂の堂守として六一歳で没したとある。「松の操美人の生埋」では、お蘭を生き埋めにした海禅の素性を「元《も》と雁田の地蔵堂に居《を》りました破戒僧」としており、実在の江戸屋半五郎が男だてとなまぐさ坊主、善悪二人のキャラクターに割りふられている。

今回の散策のスタート地点は京浜急行の馬堀海岸駅とした。南に道を取れば釣りで遭難しかけた山三郎が一息つく矢ノ津坂（作品では谷通《やんつう》坂）、東に取ればお蘭を生き埋めにした浄林寺（定蓮寺）に至る。寺の近くには宇治川先陣争いの名馬生月《いけづき》が掘りあてたという蹄《ひづめ》の井がある。このわき水が馬堀（真堀）の地名の由来だという。曾我兄弟ゆかりの東浦賀の乗誓寺（上成寺）を過ぎると、山三郎が釣り船を仕立てた船宿徳田屋跡を示す標柱が見つかる。その先の東林寺には

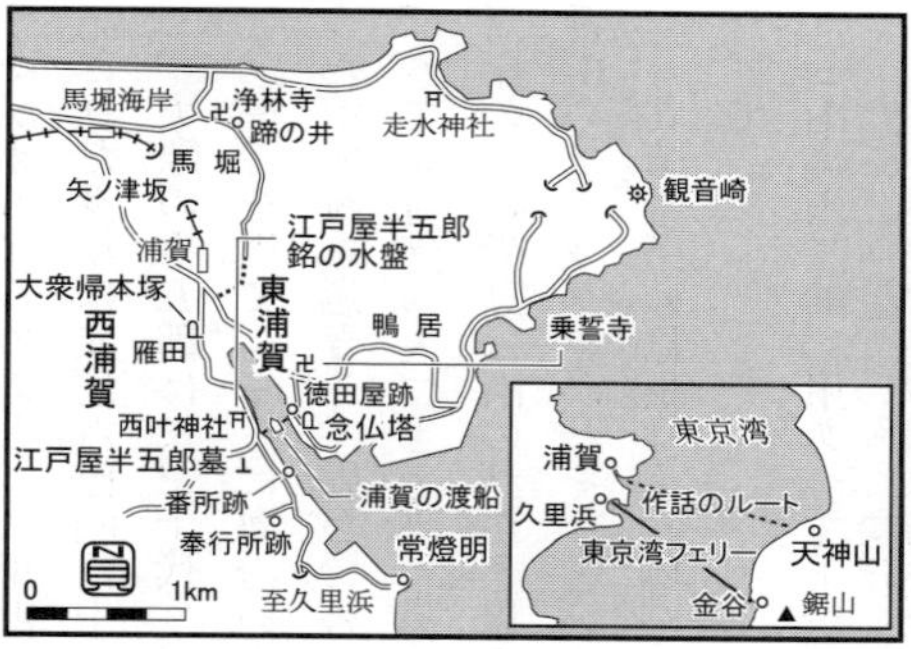

東林寺念仏塔

江戸屋半五郎が建てた念仏塔がある。正面にはポップな書体で〝南無阿弥陀仏〟、側面に〝大誉果向深心信士　俗名半五郎〟と彫られていた。

先ほどの徳田屋跡のそばに、市が運営する西浦賀への渡船場がある。奥深く切れ込んだ浦賀湾をショートカットできるため、今でも市民の利用が多い。客の呼び出しに応じて、おもむろに船が湾を渡ってやってくる。渡し賃は一五〇円（二〇一二年当時）。自分で缶に入れ、お釣りもそこから自分でより取る方式。

西浦賀へ渡ったならば、浦賀警察署のそばに移設された大《たい》衆帰本塚《しゅうきほんづか》を見よう。くずし字でびっしりと書かれた碑文をぽつぽつと拾い読みをしただけだが、前半部に閑耳田《かにた》の文字が見つかった。このあたりが江戸屋半五郎が地蔵堂の堂守をした蟹田（雁田）であることがわかる。

道を戻った西叶《にしかのう》神社には、江戸屋半五郎が納めた手水鉢が据えられており、遊女屋の主として羽振りのよかった様子がうかがえる。このあと、久里浜《くりはま》へ向かう山際の常福寺にある江戸屋半五郎の墓にお詣りする。記された没年は文化六巳四月十九日（一八〇九）。生き埋め事件は明和四年（一七六七）のことなので、実際の半五郎はまだ十代、博打に明け暮れていた頃だろう。

常福寺を出て、さらに海沿いを南へ行くと、山三郎がお蘭を船ぞこに隠し、監視の目をくぐった番所跡を過ぎる。礎石の残る奉行所跡と違って、当時の番所を偲ぶものは何もない。がんばって浦賀湾の入口まで脚をのばせば、再建された常燈明《じょうとうみょう》台の向こうに陸地が見えてくる。対岸の房総半島は隣の湾かと思うほどの近さだ。山三郎は初めはこの燈台へお蘭をかくまい、番所のチェックをかわそうという目論見だった。

其頃《そのころ》番所の見張《みはり》は正しいが会所へ日こ出まして役人衆《やくにんしゅ》とは心易いから山三郎は一人《にん》出まして

山「山三郎私用あつて上総の天神山迄参り升

と云ふと板子《いたご》の下に別嬪《べっぴん》が《を》居り升ことは存じませんから　役人衆も宜敷《よろしい》と許し升

（『円朝全集』第三巻、岩波書店、二〇一三年）

浦賀の見どころを細かく挙げているうちに、もう夕暮れが迫ってきた。久里浜港一五時一五分発の金谷港行きフェリーで東京湾へ乗り出す。冬の西日に斜めに照らされ、鋸山《のこぎりやま》から伸びる谷筋が幾本もの光の帯になっている。肝心の天神山は低すぎて見つけることができない。

圓朝が越えた峠道

「上野下野道の記」と題された紀行文は、まだ鉄道もバスもなかった明治九年(一八七六)に、宇都宮から山深い奥日光を抜け、沼田を経て東京へ戻ってくる一六日間の旅日記です。柴田是真翁から聞いた、江戸の豪商炭屋塩原に伝わる怪談に触発されたものでしたが、取材するうちに、塩原太助の立身出世譚へとテーマが変わり、「塩原多助一代記」として結実しました。地元で評判のよくない居酒屋に行ってみたところ、噂どおりで閉口したこと、宇都宮での旧友との偶然の出会い、山中の温泉場に蛇が出て往生したさまなどを、俳句や狂歌を織りこみながらつづっています。圓朝作品のなかでも、とりわけ味わい深く、第一級の紀行文です。「塩原多助一代記」の冒頭の場面、幼い多助が沼田の塩原家に預けられるいきさつのヒントになったのが、旅の一〇日目、数坂峠《かっさか》(群馬県沼田市)の風景です。

消えた数坂峠――上野下野道の記

沼田から奥日光へ抜ける国道120号。日本ロマンチック街道やとうもろこし街道などという愛称がつけられている。車道である椎坂峠《しいさか》越えが大きく南に迂回して勾配を避けている。椎坂峠は、峠と言うよりは山の端までぐるっと巻いて行き、最後は切り通しで向こう側へ抜けたような地形になっている。それに対して、地形図に歩道として描かれている旧道は、数坂峠を直線的に越えている。ということはいかに急坂なのか想像に難くない。

二〇一二年一〇月に、五二年ぶりに歌舞伎『塩原多助一代記』が国立劇場で上演された。冒頭の数坂峠、クライマックスの〝青の別れ〟から、多助が成功した本所相生町《ほんじょあいおいちょう》の炭屋《すみや》店《みせ》の場まで通しで演じている。第一幕、上州数坂峠谷間の場は、岩山を貫いて杉木立が生え、谷川の流れの向こうに山々が霞む書き割りだった(本章扉写真)。圓朝の眼から見た数坂峠の描写はこんな感じだ。

数坂《すさか》(数坂《かずさか》)峠にかゝる南《みなみ》は赤城《あかぎ》山北《さんきた》には火打山西《ひうちやまにし》は保高《ほかう》(武尊《ほたか》)山東《さんひがし》は荒山《あらやま》なり　実《じつ》に山《やま》また山《やま》の数坂道《かずさかみち》にして小山《こやま》には畑《はた》を開《ひら》き粟《あわ》、稗《ひゑ》、黍《きび》、大豆《だいづ》、小豆《せうづ》、蕎麦《そば》なり　そばの花処々《はなしよ〱》に見《み》ゆる　其風景尤《そのふうけいもつとも》よし

何処えはどふして蒔《まい》て蕎麦《そば》の花《はな》

(『円朝全集』別巻二、「沼田の道の記」明治九年九月七日、岩波書店、二〇一六年)

以前の数坂峠への挑戦では、GPSのような便利な道具を持っていなかったため、途中で道を見失ってしまい、峠と思える鞍部によじ登って引き返してきた。うかうかしているうちに、新しいトンネルが二〇一三年に開通してしまい、車道の椎坂峠ですらバスも通らない過去の道になってしまった。

沼田発九時二〇分の尾瀬方面へのバスで峠に向かい、真新しいトンネルの直前の観音寺前でバスをおりる。バスが路側に寄るのを待ちかねたように、続々と自動車がバスを追い抜いてはトンネルへ消えていった。ちょうどここが、旧道となった椎坂峠への分岐点だ。カーブごとに番号が書かれた標識が立てられており、車窓からでも目標を定める目安になっていた。七番カーブが前回登ったところ。肝心の標識はなくなっていた。しかも、登り口はガードレールで封じられており、ここに道があったことを隠すかのようだ。小さな沢の左側が旧道だろう。真ん中がU字型にくぼんだ、ひと尋《ひろ》ほどの道がずっと続いている。あたりはスギと広葉樹の混交林だ。ふかふかの落ち葉に埋もれてはいるが、明らかに人馬が通った道の跡だ。

一五〇メートルほど行くと、首の取れた一体の石仏が現れた。蓮華座の上に立っており、手に瓶子《へいし》か花のようなものを持っていたらしく、その下部だけが残っている。裏面には馬頭観世音と彫られている。峠道を通る旅人を見つめて来た石仏は、ここが街道だった証《あか》しだ。登山道にしてはゆるやかにくねった道が続いている。地形図に描かれた破線のように一直線には登っていない。車馬の往来を図るためだろう、右に左にと大きくカーブを繰り返しながら、峠への高度をかせいでいる。

峠の頂部が見えてきたあたりで、道がY字にわかれていた。右手側を行くと、岩塊のむこうに、別の石の塊がみえる。近づくと、突然、石造のトンネル坑口が現れた。もちろん地図には何も記されておらず、トンネルまでの直線的なアプローチはない。

沼田と日光を結ぶ金精《こんせい》道路の開通は昭和四〇年(一九六五)のこと。明治九年の圓朝は、クマのような体格をした案内人を雇った上、ウワバミが出るという金精峠を越えてきての旅だった。辺地と町とを結び、荷車の通れるトンネルの開通は、村人の悲願だったに違いない。

しかし、トンネルは入口まで土砂と角張った石で埋まっている。扁額《へんがく》はなく、左右に聯《れん》のように文字板がはまっていた。すでに完成を予定していたのだろうか、右は〝數坂隧道《ずいどう》〟、左は〝明治二十七年九月□□〟とある。坑口の上に登ると、トンネル上部の土砂は薄く、心なしかくぼんでいる。見上げた峠から

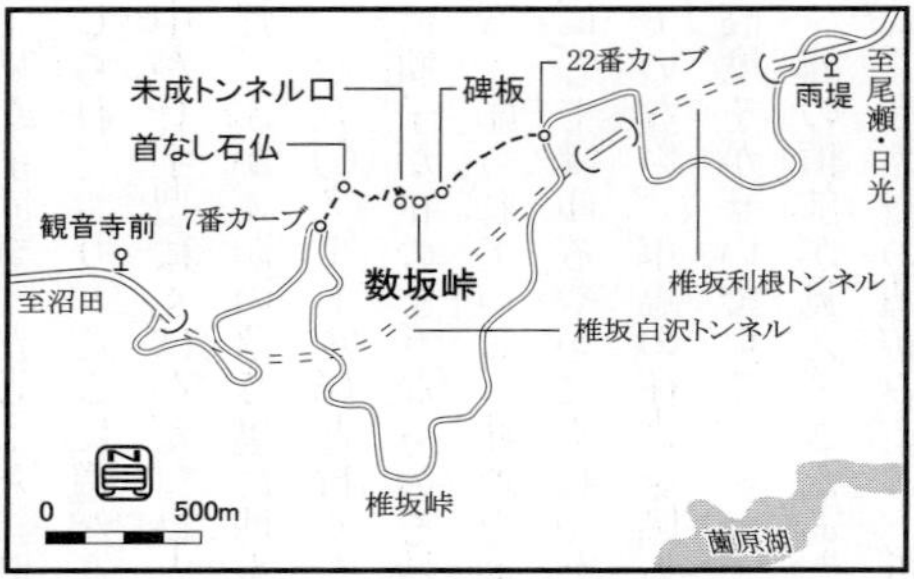

転げ落ちたのだろうか、坑内にあったような角張った落石が積もっている。Y字路に戻るが、これまでの緩やかな道も途切れ、最後は前回と同じように、木の根岩角につかまりながら斜面をよじ登ることになった。足を滑らせると、ゴッゴッと角石が落ちて行く。トンネルの上の岩を一つ増やしてしまった。

峠によじ登ると、なんということだろう、尾根が舗装されてしまっているではないか。舗装道をたどって右手側の小山を探ってみたが、その先には重機が爪を突き立てた採石場しかなかった。峠に小雪を運ぶ低い雲が迫ってきており、圓朝の書いたような眺望はなかった。そして、圓朝の見た蕎麦畑なども何もない。舗装はされたが、数坂峠を示す案内の杭一つない。ないない尽くし。誰のために、何のために尾根道を整備したのか全くわからなかった。

数坂峠と未成トンネル

峠の東側、本来ならばもう一方のトンネル坑口が作られるあたりに、人工的な切石が散らばっている。トンネルの顔とも言える碑板までがうち捨てられていた。西側と同じものだが、〝數坂〟の二文字は苔におおわれて読めない。ここまで準備をして貫通できなかったとは、いかに無念であったろうか。数坂隧道の失敗以後、はるか北の栗生《くりゅう》を通る道路が開かれ、そして南に椎坂峠の道がつくられた。もはや、ふたたび数坂峠が顧みられることはなかった。

帰りは新道上に新しく設けられた雨堤《あまづつみ》バス停から一二時一〇分発のバスで戻る。数坂峠の地下を二本のトンネルで通過してしまう。わずか三分で駆けぬけたトンネル口には、椎坂利根トンネル、椎坂白沢トンネルと、その名が記されていた。せめて「数坂」と名づけることで、数坂隧道で果たせなかった先人の思いに少しでも報いて欲しかった。

コラム　落語登山部

さあさ、お立ち会い。この四六《しろく》のガマというものは、これよりはる〜か北にあたる、筑波山のふもとに棲む――。落語「がまの油」の口上です。袴《はかま》の股立《ももだ》ちとってたすき掛け、がまの油の効能をアピールするために、真剣を抜いて自分の腕を切って見せる、タンカ売《ばい》の口上です。

この筑波山をはじめ、落語国の人々はたくさんの山に登ってきました。落語登山部の活動報告です。

【富士山】日本一の富士の山。初めて「富士詣り」する部員もいたので、五合目までバスで登りました。実は意外と小さく、線香一本で倒れないように支えられています（「うそつき村」）。

【御嶽山】落語「源平」や人情噺「安中草三」で出かけました。二〇〇〇メートル以上までロープウェイが通じています。二〇一四年の噴火で、今は山頂までは登れません。

【大山】　信仰の山です。江戸っ子部員は、夏になると毎年そろって「大山詣り」に出かけますが、山頂に立つ場面はありません。中腹までケーブルカーが通じています。

【筑波山・伊吹山】　四六のガマが現れるのが、東の筑波山に西の伊吹山。筑波山は、女体山頂までロープウェイが運んでくれますし、伊吹山も山頂近くまでドライブウェイが通っています。でも、「がまの油」が採れるガマが棲んでいるのは山頂ではなく、山のふもとでした。

【妙見山】　スタートするのがおっくうなので、大阪で尻をついてもらい、一気に山頂にある能勢の妙見さんに登って代参しました。「不精の代参」という落語。あとで調べてみると、山頂までケーブルカーとリフトが通じているようです。

【愛宕山・天保山】　図で見ると低いようですが、愛宕山は江戸の最高峰です(港区、標高二六メートル)。山頂には愛宕神社が祀られています。落語よりは、むしろ講談「寛永三馬術」で有名でしょう。見晴らしのよい愛宕山に置かれた放送局から、日本最初のラジオ放送の電波が発せられました。落語「兵庫船」で、大阪部員が自慢したのが天保山《てんぽうざん》や瑞軒山《ずいけんざん》。天保山の標高はわずか四・五メートルですが、山頂に三角点があるのはたしかに自慢です。

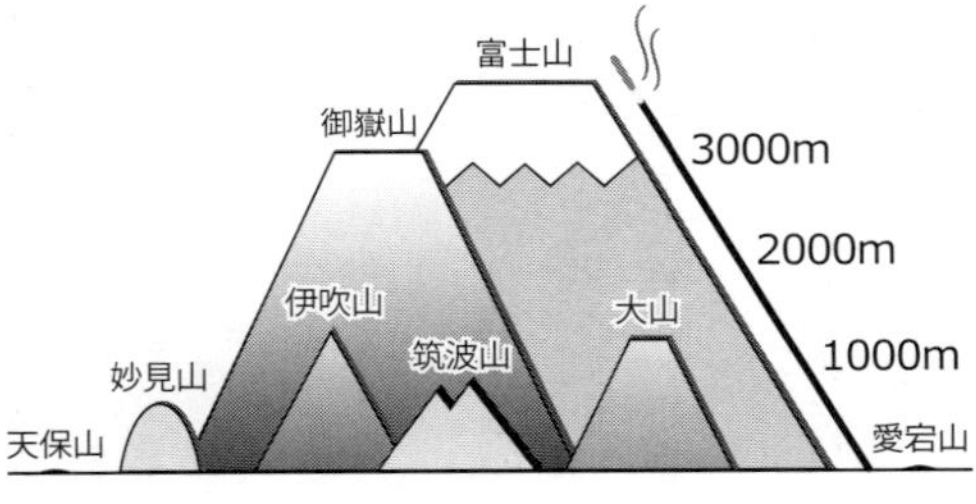

こう見てみると、落語国の登山部員が本当に登頂した山は少ないようです。チャンピオンは、意外なことに、一気に妙見山を征服した不精者のようです。

2 ほの暗い迷宮——人情噺

今は落語と言えば、一席ものの滑稽な落とし噺が主流ですが、明治の中ごろまでは続きものの人情噺を語ることができて、はじめて真打《しんうち》の資格があるとされてきました。三遊亭圓朝の「怪談牡丹燈籠」が出版されて以降、明治時代に活躍した落語家の人情噺が続々と雑誌・書籍に掲載されています。

長編人情噺は、一五日間の寄席興行の演《だ》しものとして、また一冊の単行本にまとめるのには、ちょうどよい分量でした。ところが、現代では、そこまで長い噺を演じる機会はありません。聴く方も、そんなのんびりした気分になれないでしょう。現在演じられる人情噺は、長編のハイライトの抜き読み（たとえば「お富与三郎」「大坂屋《おおさかや》花鳥《かちょう》」）か、一席にまとまる程度の中編（たとえば「ちきり伊勢屋」「梅若礼三郎《うめわかれいざぶろう》」）に落ち着くようです。

ここでは、時代の流れによって顧みられなくなった人情噺のいくつかを拾い上げてみましょう。圓朝作品と同様に、多くの新しい地名が、揺り起こされるのを待っているはずです。

人情噺の迷宮

時代に忘れ去られた人情噺が、『円朝全集』のように陽のあたる場所を得ているはずはありません。ほの暗い人情噺の迷宮に分け入ろうとしても、どこから手をつければよいでしょうか。一二〇話の人情噺と文芸噺の題名とあらすじは、吉田章一『江戸落語便利帳』(青蛙房、二〇〇八年)に載っています。ここでは、主としてインターネットを通じて本文が公開されている人情噺について、圓朝以外の四人の主な演者を中心に紹介します。人情噺と言っても、講談師が演じていた世話講談に題材を借りたものも多く、一見したところ両者は区別できません。今回の小さな灯りで照らされる範囲は、人情噺の迷宮のほんの一部です。

図8は、圓朝を加えた五人の演者の没年までのラインと、ここで紹介する作品を中心とした発表年を□印で示したものです。名前のあとの丸囲み数字は、代数を示しています。初代三遊亭圓朝は、最初の速記文学である「怪談牡丹燈籠」出版以降、寄席を引退した後も、最晩年まで着実に出版を重ねています。なお、「怪談牡丹燈籠」以前や、速記法が普及した後も、文語体の人情噺が出版されています。初代春錦亭柳桜《しゅんきんていりゅうおう》や四代目桂文楽の作品は晩年に集中しています。その逆に初代談洲楼燕枝《だんしゅうろうえんし》の作品は最晩年には出版されておらず、その空白を埋めるよう

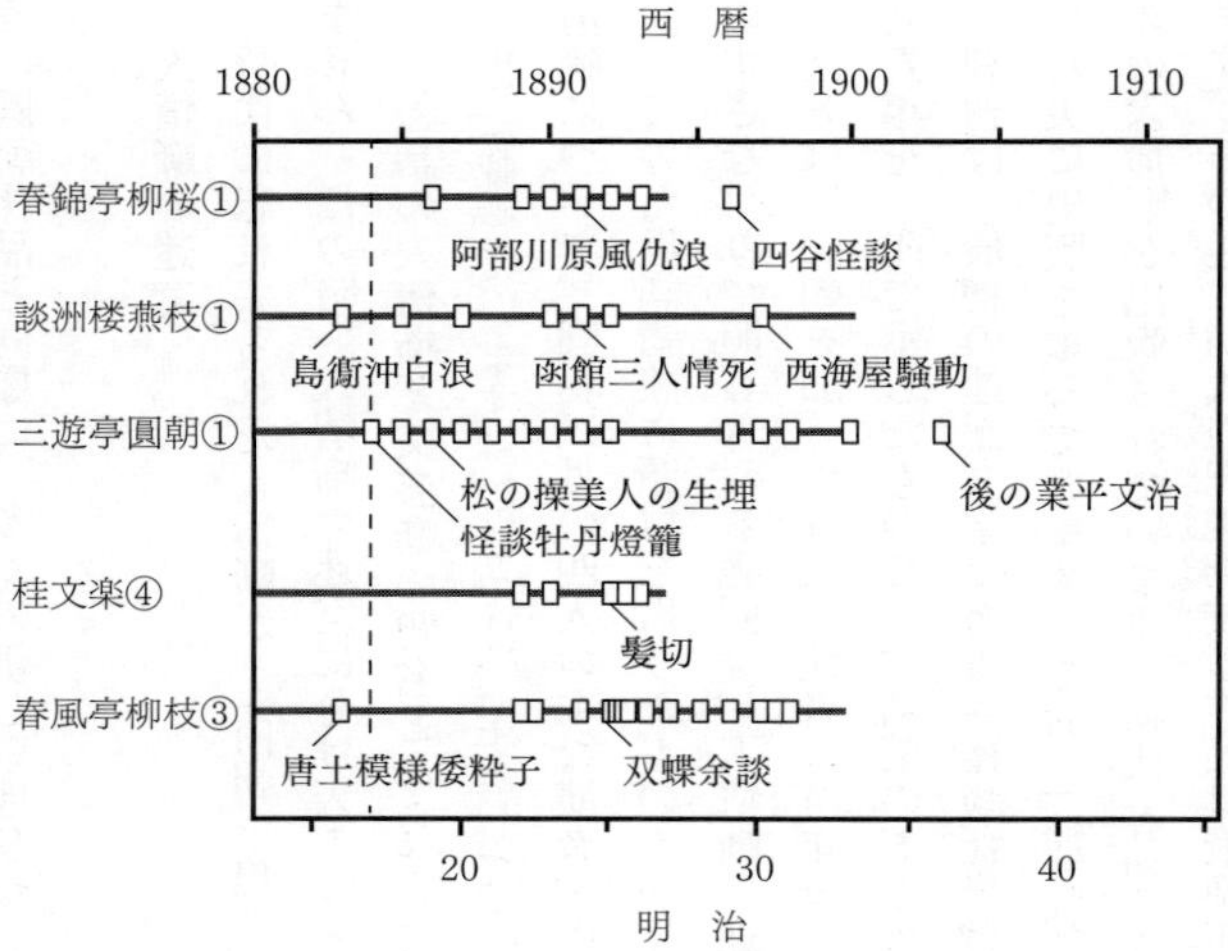

図8　演者ごとの人情噺の出版状況

に弟子の三代目春風亭柳枝の作品が出版されています。

図に示した五人のほかにも、人情噺の名手はたくさんいます。この図には載っていない上方の人情噺や、『江戸落語便利帳』から漏れた数編の人情噺についてもご紹介します。

初代春錦亭柳桜

明治二七年(一八九四)に六九歳(数え年)でなくなった春錦亭柳桜。図8にあげた他の四人よりも、一回り以上早く生まれています。幕末には師匠の名前である三代目麗々《れいれい》亭柳橋《ていりゅうきょう》を継ぎました。長男に柳橋を譲ったあとに名乗った春錦亭柳桜は、いわば隠居名です。落語速記が盛んになった時期には、すでに全盛を過ぎておりました。次男は講談師の二代目桃川如燕《ももかわじょえん》、三男は五代目麗々亭柳橋と、芸能一家をなしています。代表作に、「仇娘好八丈《あだむすめこのみのはちじょう》（白子屋政談）」「四谷怪談」があります。「仇娘好八丈」は芝居の「髪結新三《かみゆいしんざ》」の原話で、売り出し中の無宿者の新三と、それを赤子のようにあしらう家主との掛けあいは、いかにも人情噺らしい味わいがあります。『新日本古典文学大系　明治編』第七巻（岩波書店、二〇〇八年）に収められていますので、今でも読むことができる数少ない人情噺です。

「四谷怪談」は、今読んでも肌に粟立つような恐ろしい話です。当時、あまりの怖さのため、かえって人気が薄くなったとも言われています。たとえば、夜鷹に売られたお岩を縄で吊しての執拗な折檻、だまされて夜鷹に売られたと気づいたとき、お岩の髪が逆立ち、宙に浮かんだまま飛び去って行く描写、お岩をだました女衒《ぜげん》の妻が、生まれたばかりの赤子の手足を引き裂き、自分の口の中に包丁を突き立てて自害するシーン、お岩の仲人の子供が二階の窓から落ちて忍び返しをのどに刺して宙づりになるシーンなど、心理的なサスペンスというよりも、スプラッター映画の先取りと呼びたいほどです。

なお、柳桜の下記の作品については、インターネットを通じて読むことができます。

「雲霧五人男《くもきりごにんおとこ》」「倭歌敷嶋譚《やまとうたしきしまものがたり》」「時雨の笠森」「仇娘好八丈」「黒手組戸沢助六」「佐倉宗五郎実伝」「女煙草」「怪談嬉野森《うれしののもり》」「茶碗屋敷（井戸の茶碗）」「旗本五人男」「阿部川原風仇浪《あべかわらかぜのあだなみ》」

「八重葵噂天一《やえあおいうわさのてんいち》(実説天一坊)」「お富与三郎」「四谷怪談」の一四作品。中には、速記による口語体ではなく、文語体に近い作品も含まれています。また、第3章で紹介した『百花園』には、「大久保曽我誉廼仇討《おおくぼそがほまれのあだうち》」「喜八莨《きはちたばこ》」の二作、雑誌『東錦《あずまにしき》』には、「北国奇談 梅の大木(加賀騒動)」「奇縁の血刀」の二作を載せています。

このなかで、一作だけ旅をするとすれば、柳桜自作の「阿部川原風仇浪」になるでしょう。静岡を主な舞台とした仇討噺で、遊廓の二丁町《にちょうまち》あと、由井正雪《ゆいしょうせつ》の墓碑、鞠子《まりこ》の誓願寺など、静岡周辺の名所がちりばめられています。あらすじは——。

広瀬軍蔵によって殺された父の仇を討つため、大太郎《だいたろう》・梅兄妹ら遠藤一家は美濃の郡上《ぐじょう》から駿府の祖父宅へ移住する。叔父の妻のおこよは二丁町遊廓へ身売りして、生活費を作るとともに、仇の軍蔵が登楼するのを待つ。兄妹は沢田角右衛門に武芸を仕込んでもらう。一二年後、おこよは二丁町にやってきた軍蔵を見かけて急報する。遠藤万五郎《まんごろう》と改名した大太郎と梅は、安倍川の河原でみごと仇を討つ。大太郎は沢田の娘を妻とし、主家へ復職がかない、梅は沢田の養女となる。

初代談洲楼燕枝

初代談洲楼燕枝は、三遊亭圓朝とならび称される、明治を代表する落語家です。亡くなった年も圓朝と同じ明治三三年（一九〇〇）でした。市川團十郎と親交が深かったことから、柳亭燕枝から談洲楼に亭号を改めました。今でも作品が演じられる圓朝にくらべて、残念ながら燕枝の作品を耳にする機会はほとんどありません。

山にたとえるならば、燕枝は北岳でしょう。日本で二番目の高さを誇る名山ですが、富士山になぞらえられる三遊亭圓朝に比べると、ずっと知名度は劣ります。アルプスの山々に連なる北岳は一頭地を抜いた存在とは言えません。誰もが一度は登ってみたいと思う、ふところの広い富士山にくらべて、北岳は十分に装備をととのえた人しか登山を許さないところも、燕枝の作品と似ているように思えます。

現在、手軽に読むことができる燕枝の作品は、『名人名演落語全集』第一巻（立風書房、一九八二年）に掲載された「西海屋《さいかいや》騒動」の一部、「続噺柳糸筋《やなぎのいとすじ》」の長編人情噺と数題の落語に過ぎません。よく筆が立つ人で、速記者を頼まず自分で原稿を書きました。そのためか、修辞に富んだ文語的な表現が多く、今の感覚では読みにくいと感じられます。演題のみが伝わっている作品を含め、『名人名演落語全集』に燕枝の全作品リストが載っています。

なお、下記の燕枝作品については、インターネットを通じて読むことができます。

「島鵆《しまちどり》沖白浪《おきつしらなみ》（佐原の喜三郎）」「善悪草園生咲分《よしあしぐさそのうのさきわけ》」「墨絵之富士」「仏国《ふらんす》三人男」（フランスの翻案もので、地名の一部が日本のものに置きかえられている）。また、雑誌『百花園』には、しばらく客演のように三題噺を連載していましたが、三一号からは、「海気《かいき》の蝙蝠《こうもり》」「元旦の快談」（『クリスマス・キャロル』の翻案）、「痴情の迷」「函館三人情死《しんじゅう》」「怪談 浮船」「和尚次郎心の毛毬栗《いがぐり》」と次々と作品を発表しています。

燕枝の代表作ではありませんが、一作だけ「函館三人情死」を取り上げます。鶴岡、東京、福島、函館と舞台をめまぐるしく移す作品は、訪問しがいがありました。

この噺、函館に舞台が移るのは終盤の部分で、発端は鶴岡周辺での詐欺事件を描いています。田川村（山形県鶴岡市）の豪農山住《やまずみ》家に軍医総監松本順《じゅん》の舎弟、長春一行が現れる。豪家の父親を診察すると称して、古金を清水《せいすい》に浸した秘薬を作らせる。長春一行が立ち去ると、秘蔵の黄金は鉛にすり替わっていた。名医長春とは真っ赤な偽りで、函館戦争を脱走した高杉幸七郎らによる詐偽であった。こんな場面で田川村をはじめ、酒田や加茂（鶴岡市）などの地名が出てきます。田川は、鶴岡市中心部の南西、大山川上流域にある村で、庄内平野の南端にあたります。近くには湯田川《ゆたがわ》温泉があったりします。人口が減って学校が統合されたのでしょう、小学生をスクールバスが巡回しながら拾って行きます。そんな小学生があつまる公民館のところに、田川村役場跡の碑がぽつんとありました。近くの寺の墓地を見たところ、三浦や佐藤姓が目立ち、山住という墓碑は見つかりませんでした。

一七年後に息子の二代目燕枝も同じ噺を演じています。豪家の伯父が住む土地を、押切《おしきり》から西田川に改めています。後の演者が、口伝を考証することで誤りをただす例はありますが、この場合はその逆です。田川から一〇キロほど東の赤川沿いに押切(鶴岡市東荒屋)という集落があります。実際に行ってみると、山形県特産の洋ナシの林が広がっていました。押切という耳慣れない地名よりも、たとえ架空でも西田川村の方が通じやすいと考えたのでしょう。そのほうが、むしろリアルにさえ聞こえます。とはいえ、これは、後代の演者の速記を鵜呑みできない例と言えるでしょう。

もう一つ、酒田の観海楼《かんかいろう》の名前が出てきます。正しくは瞰海楼と書く歴史ある料亭で、酒田港の近く、遊廓のあった高台に位置しています。和洋折衷様式の建物が残っており、料亭小幡《おばた》として最近まで営業していました。映画「おくりびと」のロケ地にもなって、しばらくの間一般公開されていましたが、私が訪れたのは一歩遅く、中を見ることは叶いませんでした。急な斜面に建った赤さびたトタンの壁面が、バンと迫ってくる、一種異様な建物でした。

四代目桂文楽

四代目桂文楽は、しっとりとした廓噺を得意とした、江戸っ子に愛された落語家です。明治二七年(一八九四)に五七歳(数え年)で亡くなっています。デコデコが口癖で、〝デコデコの文楽〟とも呼ばれました。速記中にも一回デコデコが出てきます。

以下の作品については、インターネットを通じて読むことができます。「廓の立引《たてひき》(雪の瀬川)」「髪切」「忍ヶ岡《しのぶがおか》恋の春雨」「孝貞二葉松《こうていにようのまつ》」の四作品。また、雑誌『百花園』には、「袖ケ《そでが》浦浪路《うらなみじ》廼《の》水髪《みずがみ》(お女郎忠次)」「操古木堀江汲分《みさおのこぼくほりえのくみわけ》」の二作を載せています。

中で一作紹介するとすれば、謎を提示したまま終わるオカルト人情噺「髪切」でしょうか。不安定な読後感は、他の作品にはないものです。

明和年間のこと、加賀家の姫君が王子権現の参詣の帰り、〝髪切〟に襲われる。腰元の髷《まげ》が風とともに真っ二つになった。急いで屋敷へ戻ろうとする姫君の駕籠の前に山伏風の男が現れ、警護の指を斬って消え去った。茶道具商の河内屋の倅の藤次郎、重い疱瘡の跡のせいで破談になったが、その娘との結婚をあきらめきれない。夜中に橋を九十九渡ると異形《いぎょう》の者が現れ、願いを叶えるという言い伝えを書物に見つけた。芝の土橋で九十九の橋を渡り終えると、たしかに異形の法印が現れた。連れて行かれた築地波除《なみよけ》稲荷そばの法印の家で、結婚の願いを伝えた。すると、娘と別の男との見合いの日に、また髪切が現れ、娘の髷が斬られてしまう。その縁談は破談となり、願いどおり藤次郎と結婚となる。しかし、髪切を頼んだという噂が流れ、藤次郎と法印は捕縛される。天機を漏らすことになると、法印は髪切の法については黙秘したまま牢死してしまった——。カマイタチのような髪切の謎は残ったまま。

三代目春風亭柳枝

三代目春風亭柳枝は、これまでの三人よりは一世代あとにあたります。初代談洲楼燕枝の弟子で、燕枝に代わり、柳派の頭取として一派を率いました。『百花園』に載った速記など、二〇席あまりが復刻されており、没後、三芳屋から個人集『柳枝落語会』が出ています。現在も演じる人がいる「七面堂の詐偽」が、他の速記と重複しない噺になります。

「唐土《から》模様《もよう》倭粋子《やまとすいこ》」「佐原の喜三郎」の二作品については、インターネットを通じて読むことができます。また、『百花園』には、「魁談難波《かいだんなにわ》の梅」「柳乃糸筋《やなぎのいとすじ》(音羽丹七)」「双蝶余談《そうちょうよだん》」「散《ざん》髪《ぎり》お瀧開化の姿見(ざんぎりお滝)」「廓文庫《くるわぶんこ》」「今戸五人切(お藤松五郎)」「十談語《とおだんご》(宇都谷峠文弥殺し)」「富田《とんだ》屋《や》惣吉《そうきち》」「天和《てんな》政談《せいだん》(小堀政談)」「性は善(両国橋《りょうごくきょう》　上《じょう》襤褸錦《つづれのにしき》)」「島千鳥(佐原の喜三郎)」「白子屋政談」「四谷怪談お岩の伝」の一三作品、『文芸倶楽部』に「性善(捨丸《すてまる》)」を載せています。この世代になると、人情噺を自作するよりも、諸先輩の創った作品を演じている例が多いようです。

中で一つ紹介するとすれば、「双蝶余談」でしょう。内容は、埼玉―群馬県境の利根川河畔を舞台とする「引窓《ひきまど》与兵衛」です。誤って名主の与次兵衛を殺してしまった引窓与兵衛。転んでもただで起きない与兵衛は、死体を悪用して金をせしめる。その趣向は、後で紹介する「お縫《ぬい》の火」(一九三頁)と同工です。江戸へ逃げる途中、荒川で女房を殺した引窓与兵衛は、ついに獄門に処せられる。

本文は、『名人名演落語全集』第二巻（立風書房、一九八二年）に、「引窓与兵衛」の演題で抜粋されています。『百花園』では、第二席の前に、演者による口上が載っていました。もともとは司馬龍蝶《しばりゅうちょう》の作った「怪談双蝶々《ふたつちょうちょう》」で、書き割りの背景などを使った道具噺として演じられました。善の水髪《みずがみ》長五郎と悪の長吉（引窓与兵衛）兄弟の長い物語とあります。稿本を人に貸したところ、烏有《うゆう》の難に遭った。そのため、記憶に残る後日譚をここに語る、といった内容の口上です。なるほど、二人の長・長（双蝶々）のサイドストーリーだとわかった次第です。

その後の人情噺

明治も末になってくると、長編人情噺は雑誌への抜き読みが目立ってきます。単行本としては、「開明奇談写真廼仇討（写真の仇討）」「角田川《すみだがわ》誉の駒」「観音経現世利益《かんのんぎょうげんせのりやく》」（三代目五明楼玉輔）、「五人小僧噂の白浪」（三代目柳亭左楽）、「友千鳥」「黄金《こがね》の薫物《たきもの》（在原豊松《ありわらとよまつ》）」（四代目三遊亭圓生）、「菊模様延命袋《きくもようえんめいぶくろ》」「流の白滝」（四代目橘家圓喬）、「評判娘」「恋路の闇」（初代三遊亭圓右）があげられます。

大阪の出版社駸々堂からは、五代目翁家さん馬の口演が多数出版されています。多くは雑誌『百千鳥』に連載したもので、現在も口演されている「文七元結」や「ちきり伊勢屋」などを改題したものを除くと、「廓文庫(在原豊松)」「小町娘噂之高岡」「迷子札」「八百屋お七恋廼緋《ひ》鹿子《がのこ》(封文小堀水茎《ふうじぶみこぼりのみずくき》)」「芳原奇談雨夜鐘《よしわらきだんあまよのかね》(小夜衣草紙)」「官員小僧」、講談師の石川一口《いっこう》と交互に演じた「明治摸様三組盃《いまもようみつぐみさかずき》」「二人於若《ふたりおわか》」「大島屋騒動」があります。

上方の人情噺

大阪発行の書籍に多くの速記を残した五代目翁家さん馬は、東京出身の落語家です。残念ながら、生粋の上方の人情噺は、ほとんど速記本になっていません。前田勇の『上方演芸辞典』(東京堂、一九六六年)には、江戸時代の戯曲作者司馬芝叟《しばしそう》の「油(油屋与兵衛)」「櫛」「蕣《あさがお》」など多数の演題が記されていますが、今伝えられている作品は皆無です。

最近、江戸の盗賊、鬼薊清吉《おにあざみせいきち》の伝記「鬼薊」が、『桂文紅日記 若き飢エーテルの悩み』(青蛙房、二〇〇九年)に収められました。明治期では、二世曽呂利新左衛門が演じた「解《とけ》やらぬ下関《しものせき》水《みず》」と「黄金包《かねづつみ》」、初代桂小文枝(三代目桂文枝)の「君知らず鶴隠羽」、三代目笑福亭松鶴の「浪速大潮月《なにわおおしおのつき》」ぐらいしか、人情噺らしいものは見つかりませんでした。わずか四つなので、すべて紹介しましょう。

【解やらぬ下関水】 下関の質屋の若旦那利兵衛と稲荷町(下関市)の遊女梅吉《うめきち》が馴染みとなるが、欲深な梅吉の義母のお熊は、船乗りの丹吉との身請け話を勝手にまとめる。利兵衛は許婚者《いいなずけ》のお君とお店の与助を添わせて跡継ぎとするよう書き置きを残し、大阪のしるべを頼って梅吉と駆け落ちする。しかし、頼みにした相手が見つからず、四ツ橋（大阪市中央区・西区）から身投げを図る。それを侠客の太吉が救い、自宅に引き取る。一方、番頭伊八は主家を乗っ取ろうとたくらみ、悪婆お慾《よく》らと共謀して与助を締め殺す。その場を目撃した仲仕《なかし》の熊五郎がお慾に分け前をねだる。そこへ巡査が踏みこみ、四人は捕縛される。利兵衛は上関《かみのせき》に住む叔父を頼って旅立つ。利兵衛と太吉の妻のお悦の留守中に、太吉と梅吉が密通する。それを知ったお悦は激怒するが、逆に離縁されてしまう。お悦は自殺。幽霊が太吉の家に現れる。騒動の中、巡査が踏みこみ、太吉は捕縛される。梅吉は尼となって回国に出る。

時代設定が明治となっている点が、かえって現代感覚ではしっくりきません。梅吉と番頭の場面が交互に描かれ、筋立てが込み入っている印象を与えます。

【黄金包】一応は仇討の物語ですが、唐突に化け猫が出てきたりして、荒唐無稽な展開です。主な舞台の大阪に加えて、龍野《たつの》（兵庫県）の揖保川《いぼがわ》が出てくるところがめずらしいでしょう。

福井から侠客の〝鼠の忠次〟を頼ってきた定助《さだすけ》夫婦、大坂で紙屑屋をはじめる。すると、屑から百両が出てきたので、表書きにあった田中乾《いぬい》の家を訪ねると、貸家札が貼ってあり、金を渡せない。留守中、化け猫が定助の女房に襲いかかり、臨月の女房は赤子を産んで死んでしまった。残された定助は、白犬にもらい乳をして赤ん坊を育て、その恩義から子供を犬太郎《いぬたろう》と改名した。ある日、忠次親分からぼた餅の差し入れがあった。定助の百両を盗んだ按摩の休庵が、そのぼた餅を食ったところ、血を吐いて死んでしまう。定助を殺して金を盗るつもりで、毒を入れてあったのだ。忠次は鼠の妖術を使って捕り方から逃れる。

八年後、住吉大社(大阪市住吉区)の前で乞食をしていた定助親子を忠次が襲い、定助は殺される。通りかかったのが剣術家山道宇根留《やまみちうねる》。忠次は逃げてしまう。犬太郎は山道に剣術をならい、仇の忠次を探しに旅立つ。播州龍野で、揖保川の渡し守をしていた忠次を見つけ、これを追いかける。忠次が逃げこんだ屋敷の老女は、母を食い殺した化け猫だった。鼠の忠次は猫ににらまれ身動きできない。犬太郎が乗りこみ、鼠と猫を退治する。屋敷の門番はなんと田中乾。百両をようやく返却することができた。

【君知らず鶴隠羽】　江戸人情噺の「お藤松五郎」とそっくり。江戸柳橋の話を、維新後の京都先斗町《ぽんとちょう》に置きかえている。元武士で新内《しんない》語りとなった菅野《すがの》新七が、夜分に芸妓君鶴《きみづる》の家に上がりこんでいると、あいにく旦那がやって来てしまう。芸人への祝儀だと投げつけられた銀貨で額を割られる。翌日、君鶴からの詫び状をもらった新七は茶屋で待っているが、旦那につかまってしまった君鶴はやって来ない。こんな、もどかしいような行き違いが重なる。東京版が、芝居がかりに刀を持ち出すところで噺を終えるのに対して、大阪の演出では、新七が君鶴の旦那を斬り殺す場面を描き、さらに捕縛、処刑されるという結末をつけている。

【浪速大潮月】紀州田辺藩の家臣、竹上《たけがみ》庄左衛門とその後妻との間に男子が生まれたため、長男庄一郎は次第にうとまれる。ある日、庄一郎は金比羅詣りに家出するが、大阪で所持金をすられてしまい、栴檀木橋《せんだんのきばし》(大阪市北区・中央区)から身投げしようとする。そこを助けたのが、旧家来の久七。貧乏ゆえ恩返しができないと、妹のお花を新町(西区)の女郎に売って二五両をこしらえる。

庄一郎は、曽根崎の松坂屋で古着の羽織を買う。松坂屋のほうでは、代金に受け取った小判が自分の店から盗まれた刻印付きの金と知り、与力の大塩平八郎に相談する。大塩は紀州家の家臣と聞いても少しもひるまず、庄一郎を捕える。庄一郎は久七が盗んだものと推量して、何もしゃべらない。庄一郎の捕縛を知った久七は、大塩の屋敷に乗りこむ。紀州家に照会した上で取り調べたのかと詰問され、大塩は答えられない。あわてて、新町、大川町(中央区)と一晩中捜査したところ、犯人は松坂屋の倅だと判明する。大塩は、松坂屋の出した盗難届を紛失届に改めさせ、判金《はんきん》四五五両を久七に渡し、庄一郎に家督を継がせて庄左衛門は隠居するよう勧める。

『文芸倶楽部』の人情噺

『百花園』が、落語でも一―三回、人情噺では一〇回以上の連載形式を取ったのに対し、『文芸倶楽部』では、読み切り形式の作品を載せています。「怪談牡丹燈籠」など、圓朝作品の抜き読みのほか、先ほど演題をあげました「仇娘好八丈」「西海屋騒動」「阿部川原風仇浪」「菊模様延命袋」の一部が演じられています。そのほかにも、『江戸落語便利帳』に載っていない人情噺、もしくは人情噺風の展開の落語が見られます。それら四編を紹介しましょう。

【お縫《ぬい》の火】　二代目談洲楼（柳亭）燕枝演。明治四〇年一〇月定期増刊号〝講談落語 怪談揃〟と大正三年一〇月定期増刊号〝新怪談揃〟の二回にわけて掲載されている。二回の掲載の間が七年もあいており、前半だけで独立した怪談として演じたものを、後日譚としてまとめた感がある。

安永元年、本所四ツ目（東京都墨田区）に住む旗本の猪飼《いがい》五郎太夫が、清水町（同）の名主長岡庄左衛門に、世話女のあっせんを頼む。自分の姪のお縫ならば、ちょうど家を出たがっているので、一〇両の手切金で紹介しようと言う。お縫の実父の医者平野養仙《ようせん》は妾をこしらえ、養仙が死ぬと、妾のお松は弟子の養雪とくっついて、二人してお縫を折檻しているのだった。名主の長岡は、お松と養雪に、お前たちは人別《にんべつ》の上では下女と弟子に過ぎないと一喝し、タダでお縫を連れ去り、一〇両をくすねてしまう。

屋敷奉公と聞いていたお縫だが、旗本屋敷には博打打ちのごろつきが出入りし、自分は妾同然の扱いで、だまされたのだと気づく。一緒に逃げようとやさしい言葉をかけてきた庵崎《いおさき》の栄次に、猪飼から受け取った知行所の上がり二五両を預けて、屋敷を出る。小舟に乗せられ、佐賀町(江東区)まで逃げて来たところ、舟底に隠れていろと言い残して栄次は去る。やってきた船頭に事情を話して、ようやく栄次に金を持ち逃げされたとわかる。屋敷に戻ることもできないお縫は、万年橋(同)から飛びこむが死にきれない。恥をしのんで、長岡の家を訪ねる。庄左衛門はお縫を女郎に売って金にしようと、猪飼に持ちかけるが、猪飼は承知しない。それどころか、五〇両やるからお縫をなぶり殺しにしろと命じる。庄左衛門は、平井聖天《ひらいしょうでん》(江戸川区)に一時かくまうと言ってお縫をだまして連れ出す。どしゃ降りの合羽干場《かっぱほしば》(墨田区)でお縫を斬っただけでなく、証拠隠滅しようと、お縫の顔の皮を切り落として捨ててしまった。そのとき、ふわふわと鬼火が飛んで行く。

翌晩、猪飼の留守宅にあがりこんだ博打仲間が、奥の間で鳴る三味線の音に気づき、様子を見に行くと、お縫の後ろ姿。振り向くと、顔がスッパリとない。猪飼屋敷には、毎晩火の玉が転がると噂が立ち、ついに猪飼の家は断絶する。本所七不思議の一つ、お縫の火の一席。(以上が前半)

悪事露見をおそれた長岡庄左衛門は江戸を離れ、以前に世話をした高崎在金子村の国蔵《くにぞう》親分にやっかいになる。渋川在の名主善右衛門の世話で、善右衛門が手をつけた芸者のお花を嫁に迎える。

ある日、庄左衛門が立場茶屋に休んでいると、庵崎の栄次に出会う。自分が犯人だということを隠蔽《いんぺい》するために、お前がお縫を殺したと栄次に言いがかりをつけ、金をゆすり取る。その金も博打にとられ、家に戻ると男女の話し声。間男と見つけたと飛びこむと、中にいたのは、お花と親代わりの善右衛門。引っこみがつかなくなり、善右衛門を蹴とばすと、打ちどころが悪く死んでしまう。一計を案じた庄左衛門は、善右衛門の死骸を小博打していた子分たちの所にかつぎこみ、賭場荒しと間違えて殴り殺させる。さらに自宅の戸口では、妻に浮気をなじられ、井戸に身を投げたように見せかける。善右衛門を殺したと勘違いしたみんなから庄左衛門は金をせしめ、万事うまく行ったかに思えたのだが、次第に庄左衛門の悪い噂が立ちはじめる。そこで、お花とともに江戸へ逃げ出した。

敷島川を渡るときに、背中におぶったお花が善右衛門の姿になり、庄左衛門は思わず切りつけてしまう。すると、お縫の声がして陰火がスーッと飛び去る。庄左衛門は道をさまよい、国蔵親分の門口に昏倒する。庄左衛門はうわごとで、これまでの悪事を口走る。お花も国蔵に助けられており、すべてが露見する。庄左衛門と猪飼五郎太夫は死罪となる。（以上が後半）

【仙台屋】初代三遊亭圓右演。明治四〇年一〇月定期増刊号〝講談落語 怪談揃〟に掲載。

京橋金六町《きんろくちょう》（東京都中央区）の簞笥商仙台屋の千右衛門は、出入りの植木屋宇兵衛に懇願して、宇兵衛の娘のおあさを倅の千之助の嫁にもらった。まもなく千右衛門は病死、千之助はつきあいで行った深川の芸者、おたきと馴染みになる。番頭喜兵衛のたくらみで、おたきを家に迎え入れる。おたきに焚きつけられた千之助は、おあさに手紙を持たせて巣鴨(豊島区)の実家に里帰りさせる。手紙を開いてみると、なんとそれは離縁状。おあさはあわてて家に戻り、訳を聞くと、洒落だとの言い訳。その場は収まったが、おたきにせっつかれ、もう一度離縁状を持たせて里に帰す。手紙を開いたおあさは、喉を突いて自害する。死骸を抱いた宇兵衛は、「おあさよ仙台屋をとりつぶしてやれ」と、京橋の方をにらみつける。

もう今度は戻って来るまいと噂をしているところへ、おあさが戻ってきた。「お前は、家風に合わないから離縁するのだ。今夜は寝ろ」と、おあさを寝かす。そこへ、宇兵衛方からおあさが死んだとの報せが来る。おあさの寝間には離縁状があるのみ。仙台屋には化物が出ると噂が立ち、ついには千之助、おたきはのたれ死にした。

【片手屋】　二代目談洲楼燕枝演。大正三年七月定期増刊号〝善悪かゞみ〟に掲載。

三島の小間物屋、三国屋嘉兵衛には子がない。一九歳になる奉公人太吉を将来の跡取りと見込んで、江戸までの仕入れに同行させる。神奈川宿の定宿には、おきくという嘉兵衛お気に入りの女中がいる。夜中に小便に立った太吉は、後妻に入った宿の女将とお梅という女中との密談を立ち聞きする。女将の簪《かんざし》をおきくの葛籠《つづら》に隠し、おきくに泥棒の罪をなすりつけて辞めさせようという企みだった。翌日、大森(東京都大田区)までやってきて、太吉は主人に昨晩見たことを話す。　嘉兵衛は一人で神奈川に戻り、太吉は江戸馬喰町（中央区）の宿屋で主人を待つことにする。

嘉兵衛は宿の主に女将とお梅の企みをあばいて意見をする。そのとき、安政の大地震が襲ってきた。嘉兵衛が馬喰町に駆けつけると、太吉は左腕が梁の下敷きになったまま倒れている。やむなく、道中差しで左腕を切り落とし、太吉を助ける。おきくの難儀を救った善根で助かったのだと、おきくを養女に迎え、太吉を婿にすえて店を譲った。のちに、太吉夫婦は相州畑《はた》で片手屋という煙草屋を開いた。

【姉の手】　朝寝坊むらく(三代目三遊亭圓馬)演。大正三年一〇月定期増刊号〝新怪談揃〟に掲載。サゲがついており落語の体裁だが、『落語事典』には載っていない。

円山応挙の描いた、幽霊が髪に櫛を入れて鏡を覗きこんでいる絵がある。

京都錦小路《にしきこうじ》の別荘に姉妹が暮らしていた。姉のおきぬを妹のおさよが看病している。姉の亭主が妹に手をつけてしまった。これを悟った姉は修羅の炎で病は重くなるばかり。ある日、旦那に会いたいと願うと、今は手が離せないので部屋まで来いとのお達し。そこで、病で汚れた体を無理して洗い、鏡台に向かって痩せこけた顔に白粉《おしろい》を塗り、髪に櫛をあてる。まさに応挙の描いた幽鬼のよう。私の命はもう長くない、この後は旦那もお前にやるから面倒を見ておくれ、とジロリとおさよをにらむ。おきぬはもはや一人で歩けないため、おさよが背負って廊下に出る。しかし、数歩も歩けずバタリと倒れこみ、おきぬは絶命する。おきぬの両手がおさよのふところに入り、乳房にくっついて離れない。やむなく、手首を切っておきぬの死骸を埋葬する始末。もはや旦那と夫婦にはなれないと、おさよは高野山を目指して家を出る。三十石の船中で、おさよはざんげ話をする。これを聞いた男、堺妙国寺の住職に相談すると、尼にならずともよいとの意外な回答。「たたりなどあるか、もう姉の手は切れている」。

コラム 落語掃苔録

亡くなった人物を偲ぶには、その墓にお詣りするのが一番です。大名、武将、医者、儒学者といった社会の上層者でなくとも、庶民に愛された人物の墓は、土地の人に大切にされています。忘れられたような墓碑をたずね、墓を清め、香華を捧げ、亡くなった人物の供養をするとともに、人物のなした事がらに思いをはせる。掃苔《そうたい》という行為は、実にゆかしいものです。

落語国にやって来た実在の人物のお墓をあげて行くだけでも一冊の本になりそうです。ここでは、よりすぐった五人のお墓にお詣りすることにいたしましょう。

【佐原喜三郎】　人情噺のところで繰り返し出てきた佐原喜三郎は、実在の人物です。噺では盗賊仲間と三宅島を島抜けしたことになっていますが、実際は八丈島から逃げました。島の資料館にも事蹟が展示されています。墓は佐原の法界寺（千葉県香取市）にあります。

【小原庄助】　朝寝朝酒朝湯ざんまいの理想の生活者、小原庄助さんの墓は、福島県白河市の皇徳寺にあります。死んでからも一杯やれるようにと、徳利にお猪口がかぶった形の墓石をしています（写真）。

【楊貴妃】　玄宗《げんそう》皇帝の愛妃、世界三大美人の楊貴妃《ようきひ》は、唐の国から日本に流れてきて亡くなりました。墓は山口県長門市の二尊院にあります。日本海に突き出た向津具《むかつく》半島に中国から渡ってきたのでしょう。墓石は純和風の五輪塔で、牡丹花を頭に飾った優美な楊貴妃の像も立っています。

【キリスト】　十和田湖の東、青森県の新郷村《しんごうむら》にあります。発見されたのは新しく、昭和に入ってからのことです。ゴルゴタの丘で十字架にかけられたのは、弟のイスキリで、キリストは日本の地まで逃げ延びていたといいます。弟のイスキリとともに土まんじ

ゆうのような墓に十字架が立っています。

【三浦の大助】「厄払い」に〝三浦の大助《おおすけ》百六つ〟と出てきます。三浦半島に陣取った平安時代の武将で、本名は三浦義明。横須賀市大矢部の満昌寺の裏山に、五輪塔、宝篋印塔《ほうきょういんとう》、板碑《いたび》がならんでいます。本当のところは、八九歳でなくなったのですが、十七回忌に通算で一〇六歳としたといいます。

実は、もっと長生きがいます。人魚の肉を食べた八百比丘尼《やおびくに》は八百歳。西王母《せいおうぼ》の桃の実を食べた〝東方朔《とうぼうさく》は九千歳〟。これも「厄払い」です。

第5章　失われゆくもの　残す力

噺の系図をつくってみる

第3章に書いたように、一九八二年に保田武宏『ライブラリー落語事典 東京編』(弘文出版)という本が出版されました。昭和二年(一九二七)から昭和五六年(一九八一)一二月までに発行された単行本と、昭和五六年一二月までに発売されたLPレコードとカセットテープ音源を目録としてまとめた労作です。七〇〇題の落語について、書名・演者・出版社・出版年がずらりと列記されています。〝東京編〟とありますが、〝上方編〟は出版されていません。

出版から三〇年以上が経過し、世の中の音源の種類もレコード・カセットテープの時代から、CD音源・DVD映像、そしてネットストリーミングと姿を変えています。資料の改廃・変化が速すぎて、このようなデータ集の書籍での出版は、時代にそぐわなくなっています。とりあえず、データの公開のしかたはさておき、データの表示法について考えたいと思います。

私の調査対象は、一九四五年八月以降の書籍のみですが、得られる結果は、先行する『ライブラリー落語事典』とよく似たものになるはずです。多数あるデータのなかには、復刻、改版や流用された速記も含まれています。落語地名の登場数や話数を集計する上で、酷似した速記を重複してカウントしてしまうと、データにバイアスがかかってしまいます。これを避けるためには、各書籍に登場する速記の重複排除・単一化作業が必要になります。このふるい分け作業により、膨大なリストがずいぶんとスリムになり、かつデータにかかりがちなバイアス荷重が平均化されます。また、ふるい分け結果を出版年次ごとにならべれば、噺家の系図のような、噺の系図ができてくるはずです。

本書の最初に散歩した「王子の狐」を例にとりあげます。『ライブラリー落語事典』に載っている「王子の狐」の速記は二八席でしたが、私が見つけた書籍中の「王子の狐」は、全部で七一席にものぼってしまいました。この差は、『ライブラリー落語事典』が一九八一年までの刊行物を対象としていることと、年少者向けやマンガを含まないことによります。これら七一席を並列的にならべたのでは、木を見て森を見ずどころか、密林の中に有用な木が没してしまいます。もし、全データにもとづく『ライブラリー落語事典』の改訂版を作ったとしたら、千ページを超える本になってしまうでしょう。実質的に、電子化した形でしか扱えないデータ量になってきています。紙面の都合上、うまく時系列にならべきれませんでしたが、「王子の狐」の系図(図9)をごらんください。なお、図中の丸囲み数字は、代数を表しています。

演者名が書かれている戦後速記は、全部で一一系統ありました。うち四種類は、明治から昭和のはじめにかけて雑誌掲載されたもの(図の破線囲み)の復刻です。戦前に出版された二種類

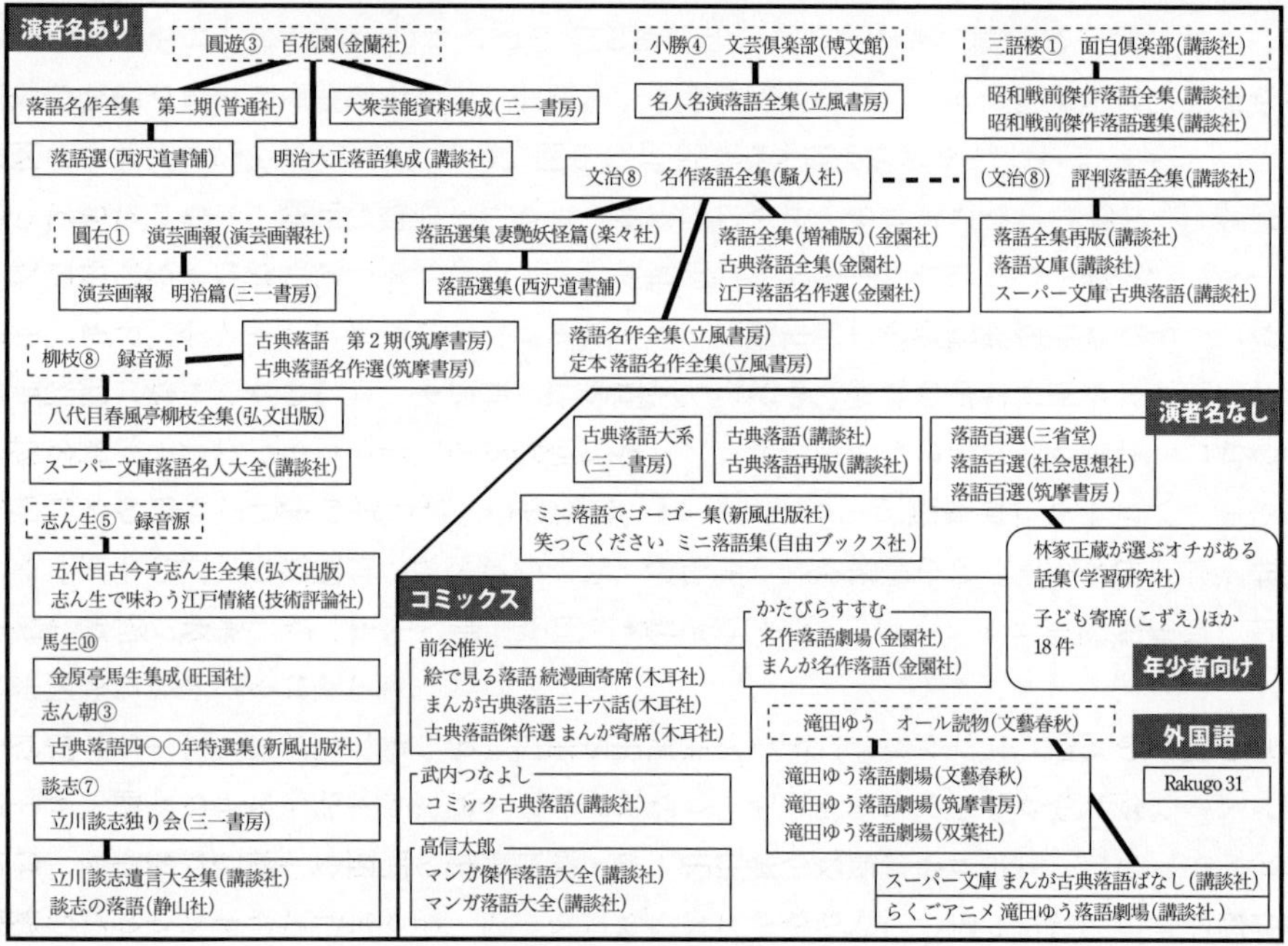

図9 「王子の狐」の速記系図(2015年まで)

の速記本(騒人社・講談社)は、その後、それぞれ七回、三回、別の書籍に使われています。それらのルーツとして騒人社と講談社の落語全集を見ておくことが、他の用例との拮抗をとるためにも大事だということがわかるかと思います。

さらに詳しい速記系図を作る場合には、三芳屋などの戦前の速記も調べる必要があります。戦後では八代目春風亭柳枝を筆頭に、五人の演者が「王子の狐」を残しています。この速記または音源も、複数回使われていることもわかります。

演者名のない「王子の狐」は、おもに三系統ありました。「王子の狐」以外の演目では、さらに数系統の別種がある場合があります。演者名が書かれていなかったり、違う演者名をつけていた場合でも、登場する地名や人名などが、異同を判別する指紋のような役割をはたします。「王子の狐」の場合、三種の無記名速記は独立した作品で、これ以上ルーツを探ることはできません。そのほかにも、マンガに描かれた作品が五系統、絵本・紙芝居などを含む年少者向けの作品は二〇件近くも出版されています。

結果として、「王子の狐」の速記は三一種類に整理され、年少者向けやコミックスを除くと、一五種類の演出が流布していることがわかりました。それに対して、上方版の「王子の狐」である「高倉狐」の速記は一件も見つかりません。上方落語については、バリエーションをうんぬんするよりも、速記自体を見つけること自体が課題となっています。

消えゆく落語地名

落語に出てきた地名が消えてゆくと言っても、新宿や道頓堀のような土地そのものがなくなるはずはありません。しかし、新宿遊廓や道頓堀の芝居となるとどうでしょうか。遊廓という制度がなくなって五〇年経つうちに、遊廓跡の木造建築物はどこも跡形もありません。道頓堀五座の芝居を引き継いで演芸場などになっていた中座《なかざ》、角座《かどざ》、朝日座《あさひざ》もすべてなくなってしまいました。かつては、東京の各町内に寄席があったといいます。初代圓遊の「今戸《いまど》の狐」という明治の速記には二〇カ所もの寄席の名が出てきますが、今に残る寄席は一軒もありません。

風景もしだいに変わってゆきます。自分の住んでいる町の景色でさえ、気づかないうちにいつの間にか変わってしまっています。きれいに見えていた山なみが、ビルに隠されてがっかりしたことや、子どものころ遊んだ空き地がすっかり住宅地に変わってしまったことなど、それぞれの方の心の中にしか残っていない風景があるかと思います。

何年も前に訪れた場所が、今も同じままという保証はどこにもありません。「王子の狐」の扇屋は料亭の営業をやめ、「花見の仇討」の飛鳥山のてっぺんにあった展望塔、飛鳥山タワーはちょっと見ぬ間に撤去されてしまいました。楽しい乗り物のアスカルゴだって、二〇年後に残っているかどうか、誰も予見することはできません。気づいた時に体験したり、記録を残しておかないと、あとから時間を巻き戻すことはできません。

何千とある落語名所との出会いは、個人にとっては一期一会。ほとんどが二度と訪れることのない場所でしょう。ところが、誰も来ないと思うような山奥に入っても、誰かしらの踏み分け道があるものです。どんな場所でも、一年を通してみれば、何十人、何百人という人がその地を訪れているはずです。一人ではできないことも、多くの人の経験が寄せ集まると、自然と大きな残す力になると考えます。

落語の文庫《アーカイブ》

すでに演芸関係の図書館・資料館が、関連図書や演者の愛蔵品などの収蔵を行っています。ここで保存しておこうと提案しているのは、個人でもできる範囲のものです。たとえば、落語名所の写真や土地にまつわる聞き書きといった、もっとバーチャルなものになります。

取り壊されてしまった建物や、変わってしまった風景などが、古い絵はがきに写真として残されていることがあります。名所旧跡にくらべて、むしろ、ありふれた路地のたたずまいなどの方が、写真に残っていないのかもしれません。残らないものは、残すしかありません。持っていないならば、集めることです。まずは、失われてしまわないうちに収集・保存しておくことが先決でしょう。

落語地名だけでなく、落語演目のバリエーションも、先細りになってきていることが数字に現れてきていることは、第2章で述べました。廓噺や廃れた慣習・知識を前提にする噺、封建的価値観に基づく噺、差別的要素を含む噺、長編人情噺など、今後演じられる機会がなさそうな噺は多くなる一方です。落語速記についても保存しておくべき対象でしょう。とかくコレクターの方は実物を求めたがりますが、ぜいたくは言えません。むしろ、デジタルイメージなら散逸の愁いがありませんし、書誌情報などのメタデータからでもよいと考えます。

よく、目次などの情報が所蔵目録としてデータ化されていますが、通常は演題だけにとどまっています。紛らわしいものの多い落語演題からでは、内容までは伝えきれません。「ピキピッピキピッピキピ」が「越後屋」という落語だとは、落語マニアの司書が実際に読んでみなければ絶対にわからないことです。一般的な演題を与え、演者名を考証し、さらに、速記の系図上、どんな位置づけにあるか、そこまでの情報があって、速記の〝記載〟が完成します。それができるのが、落語愛好家《キュレーター》たちの力量です。

さきに紹介した『ライブラリー落語事典 東京編』や、岡田則夫編『落語研究資料解題 明治〜平成』(日外アソシエーツ、二〇一六年)のような労作、地道で堅実な調査を行っているネット上のサイトなど、すでに道は半ばまで来ています。数千冊の落語速記本ならば、個人の蔵書レベルです。数万件の速記情報でしたら、データベースとしては小さなものです。数万枚の落語地名の写真でさえも、一台の携帯電話に入っている程度の情報量かもしれません。小さな落語の文庫《ふみくら》ですが、多くの人々、それも落語の高い峰の頂上に登った人たちの労苦まで集めることができれば、演芸資料館を凌駕する専門文庫《アーカイブ》になることはまちがいありません。

繰り返しになりますが、私が調べているのは戦後の落語速記です。昭和二〇年一〇月に、新潟市の新港書房という出版社から出された『大笑ひ落語集』という本が、私の持っている戦後最初の落語速記本です。収められている落語は、「鼻利源兵衛」をはじめとする五席です。

残念ながら、すべて騒人社の『名作落語全集』第二巻の速記と同じものでした。少なくとも、速記本文には何の価値もありません。せいぜい、噺の系図で、騒人社から派生した速記欄に、『大笑ひ落語集』と一行書きこむだけの意味しかありません。しかし、戦後の物不足の時期に、人びとを何とか楽しませようとした思いのこもったものですし、決してメジャーと言えない地方出版社の本が七〇年間散逸せずに残ったことはまさにラッキーなことです。しかも、この本は国会図書館はじめ、大学の図書館にも所蔵されていません。

落語本のコレクターはさらに多くの本を持っています。メタデータすら公開されていないのでは、死蔵されてしまったのと同然です。文庫《ふみくら》へ収集・保存することも大事ですが、それを公開してこそ、当時の人びとの気持ちを今に受け継ぐことになると考えます。

落語の籾蔵《レポジトリ》

江戸時代には、飢饉のときなどに備えて籾すりしていない米を備蓄する籾蔵《もみぐら》というものが設けられていました。「梅若礼三郎」では、寝たきりの亭主を抱えた夫人が幕府に籾蔵の配給を願うくだりがあります。上方落語の衰退を愁いて、五代目松鶴らが四九冊の雑誌『上方はなし』を出版したことは、第3章に書きました。先人が籾蔵に残した種籾が、蒔かれ育てられ、今の上方落語の美田につながっているのです。

落語の文庫は、それを公開し、利用してもらうことで、将来的には籾蔵になるかもしれません。もちろん、権利関係の問題など、解決すべき課題はあるでしょう。遺伝子資源の宝庫である世界中の植物の種子は、国家間の難問を乗り越え、実際にノルウェーの極寒の島の地下深くの種子貯蔵庫に保存されていると聞きます。公開の時が来るまで、奥蔵に眠らせておくのでも構わないと思います。また、落語の知恵だけでなく、愛好家の本業の知恵を集めれば、技術的な面も運用面もきっとクリアできると期待しています。

話が大きなものになってしまいました。最後にもう一つ、楽しい提案があります。自分たちだけの落語名所を作ろうというものです。第3章で、謡曲ゆかりの各地に、木製の説明板を立てている活動のことを書きました。通りかかった観光客も、立ち止まってそれをながめています。能を知らない人への普及活動にもなり、謡曲を習っている人の訪問の礎になっています。

そして、なにより謡曲を生んだ土地と作品との縁を顕彰しているのです。
みなさんは、日本国の道路元標が日本橋にあることをご存じでしょうか。橋の西北詰にある鋳物の立派な塔は東京市の道路元標です。陽の射さない日本橋の中央にはめこまれた、一辺五〇センチに満たない四角いプレートが日本国道路元標です（本章扉写真）。歩道を歩く人も、自動車ですぐ脇を走り抜ける運転手も気づかないような地味なプレートが、日本の道路の原点を示しているのです。

落語なんて、ちょっと人にはばかって聴くようなものです。大きな石碑やしっかりした説明板なんて気恥ずかしい限りです。立派なものでなく、コイン程度の小さなもので十分ではないでしょうか。そんな小さなプレートを、落語の舞台となった土地にそっと置いてみたいと考えています。小さなプレートが置かれているだけで、心ときめく落語名所になるではないですか。設置場所や設置理由などについては、落語の粉蔵《レポジトリ》にちゃんと記録しておき、関心のある人は誰でも見ることができます。いわれを知ったものだけが、プレートに価値を見いだします。

どのプレートを見つけようかとリストを探し、旅の計画を立てるワクワク感。初めてそこを訪れるときの探索と発見のドキドキ感。再びそこを訪れては、変わらずあったことに安堵し、あるいは、なくなってしまったことに落胆し、最新の現地写真という種を粉蔵に収める達成感。
小さなプレートが、落語名所を訪ねるよすがになれば、こんなに嬉しいことはありません。

岩波新書新赤版一〇〇〇点に際して

ひとつの時代が終わったと言われて久しい。だが、その先にいかなる時代を展望するのか、私たちはその輪郭すら描きえていない。二〇世紀から持ち越した課題の多くは、未だ解決の緒を見つけることのできないままであり、二一世紀が新たに招きよせた問題も少なくない。グローバル資本主義の浸透、憎悪の連鎖、暴力の応酬――世界は混沌として深い不安の只中にある。

現代社会においては変化が常態となり、速さと新しさに絶対的な価値が与えられた。消費社会の深化と情報技術の革命は、種々の境界を無くし、人々の生活やコミュニケーションの様式を根底から変容させてきた。ライフスタイルは多様化し、一面では個人の生き方をそれぞれが選びとる時代が始まっている。同時に、新たな格差が生まれ、様々な次元での亀裂や分断が深まっている。社会や歴史に対する意識が揺らぎ、普遍的な理念に対する根本的な懐疑や、現実を変えることへの無力感がひそかに根を張りつつある。そして生きることに誰もが困難を覚える時代が到来している。

しかし、日常生活のそれぞれの場で、自由と民主主義を獲得し実践することを通じて、私たち自身がそうした閉塞を乗り超え、希望の時代の幕開けを告げてゆくことは不可能ではあるまい。そのために、いま求められていること――それは、個と個の間で開かれた対話を積み重ねながら、人間らしく生きることの条件について一人ひとりが粘り強く思考することではないか。その営みの糧となるものが、教養に外ならないと私たちは考える。歴史とは何か、よく生きるとはいかなることか、世界そして人間はどこへ向かうべきなのか――こうした根源的な問いとの格闘が、文化と知の厚みを作り出し、個人と社会を支える基盤としての教養となった。まさにそのような教養への道案内こそ、岩波新書が創刊以来、追求してきたことである。

岩波新書は、日中戦争下の一九三八年一一月に赤版として創刊された。創刊の辞は、道義の精神に則らない日本の行動を憂慮し、批判的精神と良心的行動の欠如を戒めつつ、現代人の現代的教養を刊行の目的とする、と謳っている。以後、青版、黄版、新赤版と装いを改めながら、合計二五〇〇点余りを世に問うてきた。そして、いままた新赤版が一〇〇〇点を迎えたのを機に、人間の理性と良心への信頼を再確認し、それに裏打ちされた文化を培っていく決意を込めて、新しい装丁のもとに再出発したいと思う。一冊一冊から吹き出す新風が一人でも多くの読者の許に届くこと、そして希望ある時代への想像力を豊かにかき立てることを切に願う。

（二〇〇六年四月）

田中　敦

落語名所探訪家．
速記本を中心に落語書籍約1300冊の書誌とその内容をウェブサイト「はなしの名どころ」に掲げ，落語にまつわる数千の地名情報を記録している．
著書―『落語九十九旅――全国落語名所ガイド』(岩波書店)
「円朝を歩く」(『円朝全集』全13巻・別巻2，岩波書店，の月報に連載)

落語と歩く　岩波新書(新赤版)1642

2017年1月20日　第1刷発行

著　者　田《た》中《なか》　敦《あつし》

発行者　岡本　厚

発行所　株式会社　岩波書店
〒101-8002　東京都千代田区一ツ橋2-5-5
案内　03-5210-4000　営業部　03-5210-4111
http://www.iwanami.co.jp/

新書編集部　03-5210-4054
http://www.iwanamishinsho.com/

印刷・精興社　カバー・半七印刷　製本・中永製本

ISBN 978-4-00-431642-8　Printed in Japan

都道府県別落語地名

紙面の都合上、主な地名500件、演目500席をピックアップしています。演題は地名のあと、または本文中の「　」内にあげており、古典落語の演題は普通書体、人情噺の演題は**太字**、新作落語の演題は*斜体*で表記しています。

北海道

- 札幌 ── 崇徳院：大阪の高津神社で見そめた若旦那を探しに北は札幌、南は九州まで手分けして全国を探索。
- 函館 ── 雁風呂《がんぶろ》、**函館三人心中**：新幹線で行ける北海道の玄関口。日本三大夜景。土佐将監が描く「雁風呂」、一木《ひとき》の松の絵解き。
- 北海道 ── 干物箱：真冬の北海道で「弥次郎」が、あいさつや火事も凍る極寒体験。北海道でとれた干物は専用の箱にしまっておく。

青森県

- 恐山 ── 弥次郎：南部の恐山。宇曽利山湖のほとりの荒涼とした風景。恐山で山賊に命を狙われた後は、暴れ猪が「弥次郎」を襲う。
- 龍飛岬 ── 反対車：上野駅へ行くはずが、韋駄天走りの人力車は、本州の北端まで客を運んでしまう。

岩手県

- 石割桜 ── 藪入り：「藪入り」で里帰りした息子と名所巡り。盛岡地裁内、花崗岩の割れ目に生えたヒガンザクラ。樹齢350年という。
- 衣川《ころもがわ》 ── こぶ弁慶：武蔵坊弁慶、奮戦の末に衣川で立往生の故事。立往生の地は衣川橋あたりという。世界遺産の中尊寺も近い。

宮城県

- 塩竈神社 ── 安産：陸奥国一宮。航海、安産の神様。日本各地の「安産」のお札尽くしの場面。お土産は、銘菓志ほがま。
- 仙台 ── お杉お玉：伊勢間の山《あいのやま》で、女芸人の「お杉お玉」に仙台銭を投げつける場面。三味線のバチで打ち返され、やり込められる。伊達の太守は、「伽羅の下駄」をはいて吉原通い。

- 広瀬川 ── ねずみ：仙台市内を流れる。川のほとりのボロ宿屋に泊まった左甚五郎のお礼が、ちょこちょこ動くネズミの彫刻。

秋田県

- 秋田 ── *風船旅行*：名物の秋田蕗が登場。ほかに、八森ハタハタ男鹿で男鹿ブリコ、の秋田音頭。佐竹騒動では「妲妃(だっき)のお百」が暗躍。
- 本荘 ── **双蝶々**：出羽本荘2万石。江戸期を通じて六郷(ろくごう)家の支配。浅草の六郷家領地は、秋田の景勝地をとって象潟(きさかた)町を名のる。

山形県

- 山寺 ── ねずみ：立石寺。左甚五郎が参詣するマクラ。芭蕉は元禄2年に訪れた。閑さや岩にしみ入る蟬の声。如法堂への石段の脇に蟬塚。
- 若松寺 ── 御神酒徳利：縁結びの若松観音。年末のすす払いの文句で出てくる。めでためでたの若松様よ……。

福島県

- 安達ヶ原 ── 九郎蔵狐：鬼婆伝説の地。二本松東部の阿武隈河畔、鬼婆の岩屋や黒塚がある。落語では、人をだます狐がこの地に現れる。
- 白河 ── 弥次郎：道成寺に逃げこんだ山伏の安珍。その出身地。道成寺から贈られた安珍像が安珍堂に安置。
- 磐梯山 ── 転宅：名所巡りの夢想シーン。明治21年の破局的な大噴火で、北側に爆裂火口が開く異様な山容。裏磐梯は国立公園の湖沼群。
- 三春 ── 三味線栗毛：南部三春は名馬の産地。滝桜がみどころ。

茨城県

- 潮来(いたこ) ── 無筆の女房：幇間が女房を放ったらかしで、旦那と旅三昧。水郷のアヤメまつりと十二橋巡りのサッパ舟。潮来節、潮来出島のまこもの中にあやめ咲くとはしほらしや。水戸光圀の作詞。
- 大洗 ── 味噌蔵：大洗磯前神社が鎮座。ケチな味噌問屋の旦那が外出した隙に大宴会。歌う磯節、磯で名所は大洗さまよ……テヤテヤテヤ。
- 笠間 ── 紋三郎稲荷：陶器の町。笠間稲荷の菊まつりが有名。笠間藩の侍が狐のフリをして駕籠屋をからかう旅の落語。
- 筑波山 ── がまの油：江戸北方にそびえる双耳峰は日本百名山の一つ。山麓に四六のガマが棲む。山腹には永井兵助銘のがまの油売り口上発祥之地碑がある。
- 取手の渡し ── 紋三郎稲荷：常磐線の利根川鉄橋あたり。水戸藩主徳

川斉昭が、指して行く棹の取手の渡し舟思ふ方へはとくつきにけり、と船中で詠んだ。歌碑が取手宿本陣の裏にある。

- 羽生(はにゅう) ── **真景累ヶ淵**：累伝説の地。法蔵寺(常総市)には累の墓。鬼怒川には累ヶ淵と呼ばれた場所も。
- 男女川(みなのがわ) ── 陽成院：筑波山から流れる小河川。陽成院の、筑波嶺の峰より落つる男女川……を絵解きする、「千早振る」に似た噺。

栃木県

- 宇都宮 ── 湯屋番：本多正純が将軍家光を吊天井で殺そうとした伝説。居候の出す飯茶碗の上っ面だけにこきつけた飯を吊天井にたとえた。
- 古峰ヶ原(こぶがはら) ── 初音の鼓：山道を登りつめると湿原が広がる。天狗のすみか。お宝の天狗の鼻くそを道具屋が物色。
- 殺生石 ── 九尾の狐：那須岳中腹の名勝。追いつめられた「九尾の狐」が、毒ガスを放つ石と化した。句碑、飛ぶものは雲ばかりなり石の上。
- 栃木 ── 万歳の遊び：万歳の才蔵の出身地。太夫がコンビを探す才蔵市は、江戸四日市(中央区)で開かれた。
- 日光 ── 三井の大黒：左甚五郎が東照宮に眠り猫を彫った。「三軒長屋」の道場主は、日光で天狗と試合をしたため耳に後遺症。

群馬県

- 浅間山 ── 強情灸：長野県境の活火山。二の腕に盛り上げたもぐさがモクモク煙をあげる。
- 安中 ── 蒟蒻(こんにゃく)問答：「蒟蒻問答」の舞台に取られる。「**安中草三**」が奉公した饅頭店が現存する。安中は安政遠足、マラソンの発祥地。
- 伊香保 ── 鰻の幇間：温泉郷。夏場の客は避暑がてら湯治にでかけるので、東京で稼ぐ幇間は手持ちぶさた。
- 碓氷峠(うすいとうげ) ── 碓氷の夢：中山道の難所。義太夫かたりが「猪退治」をしたり、「猿丸」宗匠が即吟をしたところ。
- 木崎 ── **おさん茂兵衛**：例幣使街道の宿。下町の色地蔵は女郎の信仰が篤かった。男通ればニコニコ笑い、女通れば石もて投げる。
- 草津 ── 紺屋高尾：硫酸酸性泉。恋わずらいの場面で、お釈迦様でも草津の湯でも。湯畑の周りで湯もみの実演がある。
- 館林 ── 館林、山岡角兵衛：師匠が館林で浪人を退治した武勇伝をまねて、泥棒退治に乗り出すも、逆にやっつけられる落語が「館林」。
- 沼田 ── 雪とん：「雪とん」の若旦那の出身地。上毛かるたでは、沼田城下の塩原太助。下新田に太助の旧家あとと記念館。

- 榛名山 ── **安中草三、塩原多助後日譚**：人情噺の舞台。氷上ワカサギ釣りの榛名湖。榛名神社には塩原太助が奉納した玉垣がある。
- 茂林寺 ── 狸賽、茶釜の喧嘩：茂林寺には寺宝の分福茶釜が展示。

埼玉県

- 上尾 ── **おさん茂兵衛**：中山道上尾宿で、主ある女房の茶屋女を見そめるシーンが、人情噺「**おさん茂兵衛**」の発端。
- 石原 ── 猫の茶碗：熊谷宿の西。秩父道への道標が残る。故郷の江戸を売って田舎に茶店を開いた親父は、計略を使って道具屋に猫も売る。
- 岩槻 ── ねぎまの殿様：「たらちね」の妻が朝商いの岩槻葱売りを呼び止める。もう一つの名産、雛人形にちなむ人形塚は岩槻城址公園内。
- 川越 ── 大工調べ：薩摩芋が特産。厚く切った焼き芋を「大工調べ」の先代番太郎が売っていた。時の鐘がランドマーク。
- 熊谷 ── **吉住万蔵**：人情噺「**吉住万蔵**」は中山道熊谷宿が舞台。江戸の鳴物師に捨てられた宿屋の娘が、吉原へ身売り。
- 熊谷堤 ── 庚申待：久下(くげ)から熊谷へ続く長土手。人殺しした白井権八に、わしは言わぬが主言うな、としゃべったもの言ひ地蔵がある。
- 栗橋 ── **怪談牡丹燈籠**、道灌：幽霊からもらった礼金で、栗橋宿に荒物屋を開くが、女房のお峯に幽霊が取り憑いて悪事を口走る。「道灌」のうんちく、日光街道の四天王は、幸手栗橋古河間々田(さってくりはしこがままだ)。
- 秩父 ── 樟脳玉：「樟脳玉」の愛妻が着た銘仙が特産。「紺田屋」の老夫婦は、秩父坂東札所巡りの後、死んだはずの娘に浅草で出会う。
- 所沢 ── 二人癖：所沢の将棋名人、藤吉さん作の詰将棋は詰まろうか。福泉藤吉と大矢東吉の2人のアマ強豪が実在した。

千葉県

- 木更津 ── **お富与三郎**、派手彦：木更津の興行に旅立つ「派手彦」を見て、夫は石になってしまう。木更津には切られ与三郎や蝙蝠安(こうもりやす)の墓がある。
- 久留里(くるり) ── 新右衛門狸：城下町。久留里へ流れてきた江戸者に狸が袈裟に化けて恩返しする落語。
- 神崎(こうざき) ── **江島屋騒動**：圓朝の怪談噺。江島屋に偽物の婚礼着をつかまされた花嫁のお里は、神崎の土手から身投げする。
- 佐倉 ── **下総土産佐倉双紙**：用例は佐倉宗吾伝の人情噺。「寝床」でも惣五郎の子別れで登場。宗吾霊堂に御一代記念館がある。
- 芝山の仁王 ── 小粒：天台宗観音経寺。石段途中、山門内の座敷に一

対の仁王像が安置。並はずれて小柄な男が、芝山の仁王様に参詣して体を大きくしてもらう落語。
- 新勝寺 ── 山号寺号：成田のお不動さまで頻出。凶器ばりの旦那の「寝床」義太夫を聴くのが辛い鳶頭が一番列車で向かう成田山新勝寺。
- 銚子 ── 花筏：提灯屋が大関花筏に扮して銚子の地方興行へ乗りこむ。水戸の大浜の例もある。
- 流山(ながれやま) ── 紺屋高尾：味醂の流山に醬油の野田。流山のお大尽という触れこみで、吉原の高尾太夫に会う。幾代太夫なら「幾代餅」。
- 保田(ほた)の羅漢 ── 無筆の女房：「無筆の女房」の主人である幇間が遊山。日本寺の千五百羅漢像は、安永〜寛政年間に彫りあげられた。
- 松戸 ── 紋三郎稲荷：稲荷の眷属に扮した笠間藩士は松戸本陣に宿泊。
- 八幡(やわた)の藪不知 ── 八問答：迷いこんだ人を飲みこむ深い藪。市川市に現存。水戸黄門がその真偽を確かめたところ、鬼神に出会う。

東京都

- 今熊山 ── 文七元結：行方知れずになったお久を、今熊山へ探しに行くくだり。今熊神社の太鼓を叩きながら、失せ人の名を呼ぶ。
- 多摩川 ── 鮑のし、**荻の若葉**：承りますれば、特産の鮎捕りの場面。
- 八王子 ── **熱海土産温泉利書**：甲州街道八王子十五宿。絹織物が特産。千人同心屋敷や、実在した「徳利亀屋」が出てくる。
- 琵琶の滝 ── 湯屋番：高尾山麓にある滝を浴びて、お湯屋でのぼせた頭を冷やす。
- 三宅島 ── **佐原の喜三郎、業平文治漂流奇談**：標題の主人公のほか、江島事件の生島新五郎などが三宅島へ遠島になっている。
- 村山貯水池 ── 夜店風景：多摩湖。夜店の精力剤売りの口上。水道水源として、村山・山口貯水池が作られた。

東京都千代田区

- 江戸城 ── 紀州、甚五郎、道灌：太田「道灌」築城の名城。「紀州」公は万民撫育のために任官。「甚五郎」は折れた桜の枝をみごとに接いだ。城内では、米相場や飯炊きの水加減のうわさ話。
- お玉が池 ── 紺屋高尾：岩本町付近。北辰一刀流の千葉周作先生が道場を構え、武内蘭石先生が紺屋の久蔵に女郎買いを教授する。
- 神田川 ── 素人鰻：鰻の名店。外神田で営業中。金さんはここで修業。
- 神田明神 ── 百川：神田神社。大国様や平将門が祭神。神田祭は江戸三大祭。日本橋の「百川」に集まり祭の相談。

- 北町奉行所 ── おかふい、帯久、佐々木政談：北町奉行所は東京駅ビルの目立たぬところに石碑、南町奉行所は有楽町駅の広場に石組を展示。遠山金四郎こと遠山左衛門尉、大岡越前守、筒井和泉守、根岸肥前守、佐々木信濃守など実在の奉行が落語に登場する。
- 喰違見付 ── **ちきり伊勢屋**：四谷駅の南方。首くくりの名所として登場。今もジグザグの食い違いの道となっている。
- 麹町 ── 厩火事、親子酒：半蔵門から四谷見付を越え、新宿区にわたる長い武家地。麹町のさる旦那は焼き物を愛してやまず、泣く泣く奥様と離縁することになる。「厩火事」の戒め。
- 護持院ヶ原 ── 試し斬り：錦町一帯に広がる護持院跡地の火除地。試し斬りの名所。斬るならともかく、毎晩殴りに来られてはたまらない。
- 山王権現 ── 祇園会、囃子長屋：日枝神社。江戸城内から移転。山王祭は将軍御上覧が自慢。山車のパントマイムやお囃子の口まね。
- 多町（たちょう）── 千両みかん：青物問屋が並ぶ。「位牌屋」の芋の仕入れや真夏にミカンの掘りだし。神田青果市場発祥之地碑が立つ。
- 番町 ── 石返し、首屋：複雑な町割りの武家地。番町の番町知らずと言われた。今の番町の住居表示とはまったく違うのでさらに混乱。
- 丸の内 ── 粗忽の使者、妾馬（めかうま）：丸の内の大名屋敷が落語の舞台になる。赤門を構える赤井御門守は将軍家と姻戚関係。
- 柳原 ── 御神酒徳利、三方一両損：神田川沿いの土手に、質のよくない古着を売る露店が並んでいた。土手で財布を拾ったせいで一両の損。

東京都中央区

- 魚河岸 ── 目黒のさんま、百川：日本橋―江戸橋間、日本橋川北岸にあった魚河岸。関東大震災で築地に移転。記念の乙姫像は北東詰。
- 采女（うねめ）ヶ原 ── 猫定（ねこさだ）：築地川の万年橋そばの火除地。夜分は寂しく、「猫定」の定吉が雨の中竹槍で刺し殺される。
- 永代橋 ── 永代橋：元禄の架橋。文化 4 年に落ちて多数の死者を出した。供養塔は目黒に移った海福寺にある。
- 兜町 ── 居残り佐平次、鰻の幇間：今も証券業のビルが並ぶ。相場師の旦那を「鰻の幇間」は釣りのがす。
- 京橋 ── 阿武松：京橋川に架かっていた橋。欄干の「擬宝珠」は頭痛よけの効果があるとされた。ただし、これをなめるのではない。京橋観世新道の武隈部屋を追い出された「阿武松」こと小車長吉。
- 小網町 ── 宮戸川：「宮戸川」の半七の家があり、霊岸島の叔父さんの家までは駆けて行けばすぐ。こぢんまりした小網稲荷が町名の由来。

- 新川新堀 ── 長者番付：酒問屋街。新川は河村瑞賢が開鑿した運河。瑞賢屋敷もあった。新堀は日本橋川の下流を掘り広げたもの。
- 椙森稲荷(すぎのもりいなり) ── 宿屋の富：富興行が行われ、境内に富塚がある。椙森新道は神社の南側で、「**白子屋政談**」の白子屋(しろこや)の位置。
- 清正公(せいしょうこう) ── 清正公酒屋：浜町公園内に清正公寺として現存。「清正公酒屋」ではここに祈願して子供を授かった。
- 佃島 ── 佃島、佃祭：摂津佃村からの移住民が無人島に作った漁村。住吉明神は「佃祭」の舞台。生粋の佃煮を製する。
- 日本橋 ── 三人旅、紫檀楼古木：「三人旅」の旅立ち。振り出しの日本橋から雨に濡れ抜けるほど降る鞘町の角、「紫檀楼古木」の狂歌。
- 馬喰(ばくろ)町 ── 御神酒徳利、勘定板：町内に初音の馬場があり、火の見櫓がシンボル。旅籠が並んでおり公事、商用、遊山に利用された。
- 長谷川町 ── 天災、百川：「天災」の紅羅坊名丸先生の家と「派手彦」の坂東お彦の稽古場がある。「百川」へお座敷がかかった歌女文字先生が住む三光新道は長谷川町の内。今もアーチ型の看板があがる。
- 村松町 ── おせつ徳三郎：東日本橋。刀剣商が並んでいて、まがい物も多かった。婿取りをするおせつを恨んだ徳三郎が刀を買いに来る。
- 両国 ── 一眼国(いちがんこく)、両国八景：隅田川をはさんだ東西両国。中央区側の火除地に見世物小屋などが並んでいた。
- 両国橋 ── たが屋：江戸と下総を結ぶので両国橋。討ち入り前の大高源吾は其角と出会う。鋳掛松が荷を投げ捨てる。川面の賑わいを描いた大津絵「両国」、上がった上がったい、玉屋〜。侍の首が宙に飛ぶ。

東京都港区

- 麻布 ── 一日公方：「鰻の幇間」が旦那と飲んだ麻布の寺。「一日公方」は将軍の戯れで、町民へ麻布市兵衛町を賜った噺。麻布で気が知れぬがサゲ。知れぬ笥番町さまへ麻布より、と川柳にも詠まれた。
- 芝 ── 芝浜、富久：魚屋の勝五郎が財布を拾った「芝浜」は埋め立てられた。田町駅そばのガードに説明板。鹿島橋あたりは船だまりになっている。幇間の久蔵は、旦那の火事見舞いに駆けつける。
- 芝切り通し ── 井戸の茶碗：芝の青龍寺のところを西へ上る坂。千代田卜斎が晴れた日はここで売卜。切り通しの鐘は、青龍寺の東隣。
- 芝山内 ── 首提灯：増上寺境内。試し斬りの出る物騒な時代の落語。増上寺三門前に「首提灯」を架空のことと記した木札があがっていた。
- 清正公 ── 黄金餅：日蓮宗覚林寺。加藤清正の自画像を所蔵。「井戸の茶碗」では屑屋が集まって細川のお長屋で面部改めのうわさ話。

- 絶江(ぜっこう) ── 黄金餅：臨済宗曹溪寺の絶江禅師に由来。「黄金餅」では麻布絶口釜無村と同音異字。
- 増上寺 ── 片棒：三縁山増上寺。「十八檀林」の筆頭。赤螺屋の大旦那の葬儀が、「片棒」担いだ三人息子により近日盛大にとり行われる。

東京都新宿区

- 市ヶ谷 ── 御慶：夢占いでみごと富くじにあたった八五郎は、市ヶ谷の甘酒屋で古着の裃をあつらえ、年始まわりに出かける。「お若伊之助」では市ヶ谷八幡山の矢場が出てくる。
- お岩稲荷 ── ぞろぞろ、**四谷怪談**：「ぞろぞろ」の舞台の一つ。左門町に田宮神社と於岩霊堂が隣接。「**四谷怪談**」の田宮伊右衛門の屋敷跡で、子孫が宮司を務める。
- 落合 ── **怪談乳房榎**：圓朝の人情噺。下落合南方で妙正寺川と神田川が落ち合っていた。蛍の舞う中、落合の土手での菱川重信殺し。
- 落合の火屋 ── らくだ：土橋で「らくだ」の死骸を落とし、代わりに拾った願人坊主(がんにんぼうず)を落合の焼き場へ持ちこむ。今も民営の斎場。
- 十二社(じゅうにそう)の滝 ── **怪談乳房榎**：新宿中央公園の位置にあった。滝壺に投げこまれた我が子を重信の幽霊が救う場面。
- 新宿 ── 縮みあがり、文違い：甲州街道の宿場。江戸四宿の一つ。成覚寺にある子供合埋碑は新宿の遊女の無縁墓。
- 高田馬場 ── 高田馬場：仇討を約した「高田馬場」。助太刀の刻限に遅れた堀部安兵衛、八丁堀から駆けつける。途中の酒屋、馬場下の小倉屋で一杯ひっかける。水稲荷の東に堀部武庸加功遺跡之碑がある。

東京都文京区

- 大塚 ── 三味線栗毛：大塚鶏声ヶ窪(けいせいがくぼ)、酒井雅楽頭(うたのかみ)家の下屋敷に下げられた三男坊を、大名になる骨格だと按摩が見抜く。
- 吉祥寺 ── くしゃみ講釈：曹洞宗の名刹。のぞきからくりの文句で登場。八百屋お七と小姓の吉三の密会。これがテーマの人情噺もある。
- 小石川新坂 ── 禁酒番屋：家人に禁酒を命じる旗本の住まい。本郷1丁目、壱岐殿坂の北を西へ下る坂。
- 根津 ── **怪談牡丹燈籠、敵討札所の霊験**：根津の清水は「**怪談牡丹燈籠**」の萩原新三郎の住まい。根津遊廓は明治に入って洲崎へ移転。
- 本郷 ── お七、碁どろ：加賀百万石の殿様と勘違いする「頓智の藤兵衛」。足を切られた「お七」の幽霊は、片足ゃ本郷へ帰る。岡目八目、本郷も下谷もない。碁の小噺。

- 水戸家 ── 孝行糖：水戸家の上屋敷は小石川後楽園あたり。ここの門番は江戸随一の厳しさ。「孝行糖」売りの与太郎は六尺棒で殴られる。
- 湯島切り通し ── 遠山政談、柳田格之進：湯島天神脇を下る坂。「遠山政談」の道中付け、「柳田格之進」では番頭と柳田との出会い。
- 湯島天神 ── 付き馬、富久：新派劇「婦系図(おんなけいず)」で知られる梅の名所。江戸三富の一つ。迷子知らせの奇縁氷人石、講談高座発祥の地碑がある。男坂から財布を投げ、「付き馬」を巻く挿話。

東京都台東区

- 吾妻橋 ── 唐茄子屋政談、文七元結：安永期に架橋。身投げの名所。唐茄子屋の若旦那、星野屋の主人、文七が身投げを助けたのもここ。
- 池之端 ── ねぎまの殿様、猫怪談：不忍池畔。殿様が熱々のねぎま鍋に舌鼓。与太郎がかついだ親父の死骸に化け猫が取り憑く「猫怪談」。
- 今戸 ── 今戸の狐、今戸焼：「今戸焼」は、かつては安価な彩色素焼きの人形や蚊遣りだった。今も工房が1軒ある。潮江院に「今戸の狐」に登場する初代三笑亭可楽の墓があるのも不思議な因縁。
- 上野の山 ── 長屋の花見：今も昔も花見の名所。長屋の衆は摺鉢山で花見。圓朝の「**松と藤芸妓の替紋**」は、彰義隊の墓参が発端。
- 厩の渡し ── 岸柳島：厩橋のやや下流。武家はタダで乗れた。船が引き返して侍を下ろさないと、客全員が吾妻橋を渡るはめになる。
- 江戸勘 ── 蔵前駕籠、辻駕籠：赤岩、初音屋とならぶ江戸を代表する駕籠屋。浅草橋にあった。追いはぎの出る物騒なご時世に、あらかじめ裸になって吉原通い。
- 大門 ── 明烏、鼠穴：吉原の一方口。黒塗りの冠木門。明治期はモダンな鋳物の門。両側の柱に、春夢正濃満街桜雲　秋信先通両行燈影。
- お行(ぎょう)の松 ── お若伊之助：巨松が時雨岡不動堂の前にあったが、昭和3年に枯れた。根岸お行の松因果塚の由来と称する落語。
- お酉さま ── **心中時雨傘**、酉の市：鷲神社。吉原の裏手。「鰍沢」で縁起物の唐の芋が出てくる。11月の酉の市で大きな熊手を商う。
- 御成街道 ── いもりの黒焼、ふだんの袴：この道を通って将軍が寛永寺霊廟へご通行。黒焼屋は現存している。焼け焦げを気にしなくてすむ普段着の袴をはいた道具屋の客。
- お歯黒溝(どぶ) ── 首ったけ、突き落とし：吉原の四周を囲う堀。お歯黒滓やらどぶ泥で真っ黒だった。非常時は跳ね橋を下ろして廓の外に逃げる。逃げそこなえば「首ったけ」、だまされれば「突き落とし」。
- 笠森稲荷 ── **時雨の笠森**、佃祭：噺家のすててこ踊りと江戸美人の笠

森お仙で知られる笠森稲荷。「**時雨の笠森**」の瘡守稲荷は移転した養寿院。碑があるのが谷中の大円寺。坂上の功徳林寺は旧地にあたる。

- 雷門 ── 粗忽長屋、付き馬、宮戸川：風神雷神が守る浅草観光のシンボル。慶応元年に焼失した。酒に酔って生き倒れた熊五郎の死骸を「粗忽長屋」の隣人と引き取りに行く。
- 蔵前 ── 茶の湯、道具屋：札差連中が店を構えた、幕府の御米蔵の前。腸満のお嬢様を「代脈」が往診。蔵前のお店から根岸に隠居して流儀不問の「茶の湯」三昧。与太郎が天道干しの「道具屋」を開く。
- 蔵前八幡 ── 阿武松、元犬(もといぬ)：真っ白な犬が、願かけしたら人間に生まれ変われた。社殿を見つめる「元犬」のブロンズ像がある。
- 猿若町 ── 鍋草履、なめる：芝居三座が天保年間に浅草の裏手へ移転。
- 山谷(さんや) ── お見立て、子別れ、夢金：山谷の弔いで黒豆の赤飯が「子別れ」の序。山谷の寺でおいらんの墓を「お見立て」。山谷堀から雪の大川へこぎ出す「夢金」。
- 七軒町 ── 阿武松、**真景累ヶ淵**：文京区側に食いこむ細長い町。「阿武松」師匠の錣山関の部屋。「**真景累ヶ淵**」の按摩宗悦の家。大正寺には4代目圓生の墓がある。
- 不忍池 ── 啞の釣、蛸坊主：琵琶湖竹生(ちくぶ)島を模して弁天堂を勧請。「啞の釣」の殺生禁断池、「蛸坊主」が投げこまれる蓮見の料亭。
- 三味線堀 ── 豊竹屋：豊竹屋節右衛門の住まい。堀と船溜りが三味線の形に似ていたことから。おあつらえ向きに天神橋まであった。
- 隅田川 ── あくび指南、汲みたて、高尾：上流での船遊びが「あくび指南」。夏の涼みが「汲みたて」。「高尾」は三つ股で吊し斬り。
- 誓願寺店 ── 唐茄子屋政談：浄土宗田島山誓願寺(府中市へ移転)の門前。唐茄子も満足に買えない貧しい母子が住む。
- 浅草寺 ── 心眼、粗忽長屋、星野屋：聖観音宗本山。浅草の観音さま。最も多く落語に出る地名。「付き馬」に描かれる鳩豆屋が境内にあった。糞害対策で2004年に廃止され、鳩ポッポの歌碑でしのぶのみ。
- 浅草寺の五重塔 ── 雁とり、擬宝珠：国宝だったが、戦災で焼失。反対側に再建され、旧地に碑が設けられた。塔のてっぺんに取り残されるのが「雁とり」、てっぺんの相輪をなめるのが「擬宝珠」。
- 大音寺 ── 悋気の火の玉：吉原の西。辻斬りの名所。根岸と花川戸を発した妻妾の火の玉が大音寺前でぶつかり火花を散らす。
- 太郎稲荷 ── ぞろぞろ：「ぞろぞろ」の舞台。筑後柳川藩立花家下屋敷の屋敷神。亀戸の天祖神社内と入谷2丁目に太郎稲荷がある。
- 田原町 ── 付き馬、唐茄子屋政談：吉原の「付き馬」を田原町の早桶

屋まで引っ張ってきて、まんまとだます。今も神仏具店が建ちならぶ。

- 天王橋 ── 蔵前駕籠、後生鰻：川は鳥越川。天王社の改称に伴い、明治期に須賀橋と改名。蔵前にさしかかった駕籠を追いはぎが呼び止める。せっかく命を助けた赤子を、鰻みたいに橋からボチャンと放生。
- 根岸 ── お若伊之助、芝居風呂、茶の湯：閑静な隠居所や寮があった。「湯屋番」の居候が根岸へ買いに行く豆腐は、元禄年間創業の笹の雪。「芝居風呂」では六阿弥陀めぐり。池之端の五番から根岸へ。
- 宝丹 ── なめる：守田治兵衛商店。延宝8年創業。池之端で営業中。錫缶入りの練り薬の宝丹を小さじですくって「なめる」のが用法。
- 門跡 ── 大神宮の女郎買い：浄土真宗本山東本願寺。門跡さまが雷門そばの大神宮と吉原通い。お釈迦さまに月代(さかやき)をシャカ剃りされてアミダが出たのもここだろう。
- 谷中 ── 猫怪談、馬鹿竹、墓見：与太郎の菩提寺、瑞輪寺の塔頭(たっちゅう)が「猫怪談」。天王寺五重塔を建てる「馬鹿竹」。谷中墓地ではゴザを敷いて、本当に「墓見」をかねて桜見物している人がいる。
- 柳橋 ── 船徳：神田川の河口部に架かる。あたりは料亭、船宿が建ちならび、船頭にあこがれる徳三郎が居候。「**お藤松五郎**」、芸人になった元武士の菅野松五郎は、お藤の旦那に額を割られる。
- 吉原 ── **在原豊松**、廓大学、五人廻し、とんちき、二階ぞめき、白銅、よかちょろ：幕府公許の遊廓。人情噺の舞台にもなる。最頻出地名だが、今は過去のもの。やむなく商家の2階に廓を再現。

東京都墨田区

- 相生町(あいおいちょう) ── **塩原多助一代記**：一之橋から二之橋にかけての竪川北岸の細長い町。「ぼんぼん唄」は、迷子の幼子が歌う盆唄の文句で生家が知れるミステリー落語。塩原太助の炭屋は相生町内。
- 梅若塚 ── **傾城瀬川**：信夫の藤太にさらわれた梅若丸は隅田川畔で病死。木造の梅若堂は隅田川べりに移転。梅若忌は「**傾城瀬川**」の発端。
- 回向院 ── 開帳の雪隠、猫定：両国駅の南。明暦の大火の犠牲者を埋葬。さかんに出開帳や相撲興行が開かれた。「猫定」は猫塚の由来譚。
- 垢離場(こりば) ── **梅若礼三郎**、大山詣り：両国橋東詰。「**梅若礼三郎**」では神仏祈願のため、「大山詣り」では大山へ発つ前にここで水垢離。
- 惣録屋敷 ── 言訳座頭、三味線栗毛：鍼術を極めた杉山和一にはじまる盲人惣検校の屋敷。一ツ目の弁天様、江島杉山神社が現存。
- 達磨横町 ── 唐茄子屋政談、文七元結：町内に「文七元結」の左官長兵衛宅、「唐茄子屋」のおじさん宅。木製の説明看板が上がっていた。

- 業平 ── なめる、**業平文治漂流奇談**：芝居見物で一緒になったお嬢さんに誘われたあげく、業平の寮でできものを「なめる」ことになる噺。
- 本所 ── たがや、**本所七不思議**：墨田区の西南一帯。本所に蚊がなくなれば大晦日、は定番の川柳。
- 三囲(みめぐり)稲荷 ── おせつ徳三郎、和歌三神：三囲神社は向島の鎮守。其角の雨乞いの句碑、ゆふだちや田を見めぐりの神ならば。
- 向島 ── 野ざらし、花見酒、百年目、夢の酒：大川の対岸。花見の名所。芭蕉は雪見で、「花見小僧」の婆やは土手で滑る。料亭街も現役。

東京都江東区

- 釜屋堀 ── 釜どろ：鋳物師の工房があった。釜ゆでされた五右衛門の敵討ちだとばかり、泥棒たちが六右衛門の作った釜を壊して回る。
- 亀戸天神 ── **塩原多助後日譚**、初天神：東京を代表する天神社。藤棚と社前のくず餅が名物。塩原太助が奉納した石燈籠がある。
- 臥龍梅 ── やかんなめ：亀戸天神の北、梅屋敷にあった梅の古木。今は標柱のみ。梅見に出かけて、はげ頭をなめられる「やかんなめ」。
- 木場 ── 子別れ：丸太や材木をストックした。埋め立てで新木場に移転。「子別れ」の熊さんが木口を見に出かけ、「おせつ徳三郎」が心中しそこなう。曲芸のような木場の角乗り碑は富岡八幡宮の境内。
- 浄心寺 ── **ちきり伊勢屋**：日蓮宗浄心寺。深川の寺町の中心。洲崎遊廓の投げ込み寺で、「**ちきり伊勢屋**」の菩提寺。
- 洲崎 ── 辰巳の辻占(つじうら)：洲崎遊廓は、江戸の辰巳、深川の先にあたる。地図からもそれとわかる四角い地割りで、堀に囲まれていた。
- 高橋(たかばし) ── 探偵うどん：小名木川に架かる。舟運の便を図って高く反っていた。橋のたもとでうどん屋に扮して非常線を張る落語。
- 深川八幡 ── 阿武松、佃祭：富岡八幡宮。祭礼の人混みで「永代橋」が落ちた。八幡の鐘を合図で出発した「佃祭」のしまい船が転覆。本殿裏には「阿武松」の名を刻んだ横綱力士碑。
- 深川不動 ── 成田小僧：明治 14 年に完成した成田不動の出張所。「寝床」の鳶頭はここでは用が足りず、わざわざ成田まで行った。

東京都品川区

- 桐ヶ谷の焼場 ── 黄金餅：目黒駅の西。今も現役の火葬場。下谷からここまで西念の死骸を運んで火葬にする。
- 品川 ── 居残り佐平次、四宿の屁、品川心中、品川の豆、**ちきり伊勢屋**：東海道品川宿。例にあげた多くの廓噺などで登場。

- 鈴ヶ森 ── くしゃみ講釈：小塚原とならぶ刑場。巨大な題目碑が立つ。幡随院長兵衛、白井権八を呼び止めて、お若えのお待ちなせえ。
- 土蔵相模 ── 棒鱈：なまこ壁の蔵造りが目をひいた品川の妓楼。跡地のマンションに説明板。登楼した田舎侍と江戸っ子が喧嘩。「棒鱈」料理をこしらえていた板前が仲裁に入り、2人に胡椒を振りかける。

東京都目黒区

- 鬼子母神 ── すねかじり：日蓮宗正覚寺。開運殿に鬼子母神を安置。ここの墓原をあばいて死体を喰らう女が出てくる不気味な落語。
- 目黒 ── おかめ団子、目黒のさんま、淀五郎：団子屋のおかめと結婚した大根売り。殿様が夢中になった旬のサンマを焼く農家。「淀五郎」を塩冶判官役に抜擢した皮肉團蔵の住まい。

東京都大田区

- 穴守(あなもり)稲荷 ── 品川の豆：もとは羽田空港敷地内に位置したが、内陸の方へ移転。その名から水商売の女性に人気。
- 羽田 ── **粟田口霑笛竹**：寒風吹きすさぶ田舎の漁師町に描かれる。「**白子屋政談**」では、お熊が自分の婿を羽田の砂浜で殺そうとする。かつては浅草海苔の産地。今は羽田沖の脂の乗ったアナゴ。
- 和中散 ── 三人旅：道中薬の和中散を扱う茶店が数軒あった。東海道石部宿(滋賀県湖南市)の和中散にならって梅を植えていたので、梅屋敷と呼ばれた。

東京都渋谷区

- 恵比寿 ── *七福神詣*、*綴り方教室*：恵比寿の地名の由来となったビール工場があった。跡地の恵比寿ガーデンプレイスには、ビール王、馬越恭平(まこしきょうへい)翁の銅像。

東京都中野区

- 新井の薬師 ── らくだ：真言宗新井薬師梅照院。眼病と子育てのご利益。落合の焼場への道順の説明に出てくる。
- 鍋屋横町 ── 堀の内：鍋屋という茶店に由来する。「堀の内」を案内する道標の裏には、鍋屋の文字が刻まれている。

東京都杉並区

- 荻窪 ── 浮世根問：「浮世根問」では世界の西の果てという設定。荻

を刈りとって作った草堂が荻堂、今の光明院荻寺だという。門前に地名由来の看板。

- 堀の内の祖師 —— 堀の内：日蓮宗妙法寺。厄除けとお会式(えしき)で知られる。あわて者に効くかは不明。「縮みあがり」は、堀の内の参詣帰りに新宿遊廓で遊ぶ落語。

東京都豊島区

- 南蔵院 —— **怪談乳房榎**：将軍鷹狩りの際にどの方向からも入れるよう、八つ門寺の別名。「**怪談乳房榎**」の発端では、この寺の格天井に雄龍雌龍を描く菱川重信。
- 山吹の里 —— 道灌：太田道灌、雨宿りの伝説地。日暮里(にっぽり)や新宿など諸説があるが、ここでは高田の例。面影橋の北東詰に碑がある。

東京都北区

- 飛鳥山 —— 花見の仇討：8代将軍吉宗によって整備された桜の名所。飛鳥山公園にある巨碑は将軍吉宗を顕彰したもの。
- 扇屋 —— 王子の狐：慶安元年創業の料理屋。巨大な釜焼玉子が名物。「王子の狐」が飲み食いしたのは、この扇屋か廃業した海老屋。
- 王子稲荷 —— 王子の狐：関東の稲荷の総司。「王子の狐」だけでなく、東京版「稲荷俥」は、産湯稲荷から王子稲荷に舞台を移している。

東京都荒川区

- こつ —— 今戸の狐、お直し：刑場の小塚原(こづかっぱら)、略してこつ。コツ通りに名を残す。「藁人形」のお染は千住の女郎。「今戸の狐」で、今戸焼の狐を彩色する元女郎のおかみさんは、こつの妻。
- 千住大橋 —— もう半分：文禄3年に早くも架橋された。奥の細道矢立初めの地で、句碑がある。行春や鳥啼魚の目は泪。「もう半分」が口癖の爺さんは、大事な娘を売った金をだましとられ、橋から身投げ。

東京都板橋区

- 板橋 —— 阿武松：中山道の宿場。大食いでしくじった取的の「阿武松」は、川に身投げする前に、板橋宿志村の宿屋で腹いっぱい飯を食う。これが縁で再び相撲に弟子入り。
- 縁切榎 —— 縁切榎：中山道沿い。樹皮を削って相手に呑ませると縁が切れるという俗信があった。伐採された2代目榎の幹も展示してある。幕末の和宮降嫁の際には榎を菰で覆いつくしたという。

東京都練馬区

- 練馬 ── 長屋の花見：特産の練馬大根は、カマボコにしてよし、卵焼きでよし。今は饅頭でもよし。愛染院門前に練馬大根の碑が立つ。

東京都足立区

- 荒川堤 ── 荒川の桜：国名勝に指定されてもいた桜の名所。洪水や荒川放水路の開鑿以降すたれていった。
- 千住の青物市場 ── 首提灯：江戸近郊の野菜が集まってきた青物市場。やっちゃ場と呼ばれた。千住河原町の稲荷神社に記念碑がある。

東京都葛飾区

- 半田稲荷 ── おせつ徳三郎：疱瘡神として有名。半田稲荷の赤い幟をもった願人坊主が江戸の町を銭もらいして歩いた。
- 堀切 ── 和歌三神：菖蒲の名所。江戸から近く、絶好の散策地だった。堀切園が現在の区立堀切菖蒲園。

東京都江戸川区

- 葛西 ── 囃子長屋、法華長屋：江戸川区から江東区に至る広い地域。葛西の馬鹿囃子。金町駅そばの葛西神社（葛飾区）に葛西ばやしの碑。
- 平井聖天 ── 中村仲蔵：新義真言宗燈明寺。中村仲蔵の誕生にまつわり登場。講談「檜山騒動」で相馬大作が津軽侯の殺害を祈願。

神奈川県

- 岩本院 ── 湯屋番：江の島参道右側。現在は洞窟風呂の旅館岩本楼。岩本院の稚児あがり、煙突小僧煤の助。お湯屋の番台でひとり言。
- 浦賀 ── 首提灯、**松の操美人の生埋**：黒船来航の際、大砲に見立てた釣鐘を並べた挿話で登場。圓朝の人情噺「**松の操美人の生埋**」では浦賀の隠し部屋に集まる悪漢たち。
- 大磯 ── 能祇法師：大磯の鴫立庵（しぎたつあん）に隠棲した西行にちなむ落語。能祇法師の庵室に忍び込んだ泥棒に、歌を書いて渡してやる。
- 大山 ── 大山詣り、笠碁：大山阿夫利神社。盛夏の落語。喧嘩は禁止の上、長屋総出で大山不動へ。菅笠かぶって雨の中、碁仇のもとへ。
- 小田原 ── 小間物屋政談、抜け雀：一文なしが宿代の代わりに描いた雀がついたてから抜けだし、城主の大久保加賀守がお買い上げ。
- 神奈川 ── 御神酒徳利、神奈川宿、畜生め：東海道の宿。夜這いでな

く朝這いが「神奈川宿」。神奈川の畜生塚の由来とされる「畜生め」。

- 川崎 ── たばこ好き：ニコチン耐性最強の老人とのタバコ競争に負け、多摩川越えてようやく川崎まで逃げてきた。ほっとして、さて一服。
- 川崎大師 ── 大師の杵：平間寺。弘法大師がうら若き女性に迫られ、杵を身代わりに置いて逃げだす川崎大師の縁起。
- 道了尊 ── 小間物屋政談：大雄山最乗寺。天狗の寺。道了尊の講中が泊まり合わせた小田原の宿で、追いはぎに裸にされた小間物屋が急死。
- 野毛 ── ざこ八：横浜の桜の名所。農兵節、野毛の山からノーエ。
- 箱根山 ── 盃の殿様、三人旅：箱根山中で大名と盃のやりとり。箱根八里は馬でも越すが……。「三人旅」でおなじみの馬子唄碑もある。
- 藤沢 ── 大山詣り、竹の水仙：「大山詣り」の精進落とし。左甚五郎の作った「竹の水仙」を長州公がお買い上げ。
- 三沢檀林 ── 御神酒徳利：法華宗豊顕寺。かつての檀林をしのぶ赤門がある。算盤占いをする深夜に響く鐘。境内の藤原伴鹿(ともか)の歌碑に、かねの音きこへぬ山のおくにこそ……。今は寺に鐘はない。
- 峰の灸 ── 強情灸：浄土宗円海山護念寺。磯子区峰町の山の上。ここの灸は熱いがよく効くので、順番待ちの長い列。
- 湯河原 ── 鰻の幇間、**名人長二**：温泉郷。「**名人長二**」は、湯河原山中の捨て子が親殺しの嫌疑をかけられる、モーパッサンの翻案もの。
- 遊行寺 ── 鈴振り：時宗本山清浄光(しょうじょうこう)寺。跡目を決めるために若い僧が一堂に集められた……、という艶笑落語。
- 横浜 ── 穴どろ、*南極探検*：杖をついて東京まで歩いて帰った「心眼」の梅喜。「穴どろ」の横浜の平さんは空元気。「*南極探検*」では出航早々忘れ物を取りに横浜港で途中下船。
- 米ヶ浜の祖師 ── 大山詣り：龍本寺。日蓮上人が難船し猿島に上陸後、説法を始めた草庵。「大山詣り」の帰りに寄り道をしたら船が難破。

新潟県

- 越後 ── 越後屋：角兵衛獅子の里。頼まれれば越後から米つきに。信濃者とならんで大食いの扱い。越後の旅から帰ると女房が妊娠していた「氏子中」。「狸の鯉」では越後の縮屋が掛け取りに来る。
- 小千谷 ── 縮みあがり：小千谷縮の集散地。新宿遊廓で小千谷出身の遊女に出会って、訛りのひどさに縮みあがる。
- 親不知(おやしらず) ── **怪談累草紙**：波打際を駆けて通りぬけた北陸道の難所。美しい歌声にひかれ一夜を契ったが、姿の醜さに変心した男が瞽女(ごぜ)を斬り殺す場面。

- 佐渡 —— **お富与三郎**：佐渡の金山送りになった与三郎は、板子一枚抱いて断崖から飛び降り、島抜けを果たす。
- 松山 —— 松山鏡：落語の松山村は越後の国。謡曲「松山鏡」の舞台である鏡が池は、松之山温泉から東方7キロほど。

富山県

- 倶利伽羅峠 —— 源平：石川県境近く。木曽義仲が牛の角に松明をつけて平維盛を奇襲した故事でもっぱら登場。
- 高岡 —— **敵討札所の霊験**：大仏もある鋳物の町。大伴家持が国守で赴任。「**敵討札所の霊験**」、殺人犯の永禅和尚が、高岡から飛騨へ逃げる。
- 立山 —— 片袖：立山山中で亡霊に出会った証拠にと、死んだ娘の墓をあばいて盗んだ着物の「片袖」を差し出す詐欺噺。
- 富山 —— 反魂香：越中富山の反魂丹。訪問販売の富山の配置薬。

石川県

- 安宅(あたか)の関 —— 植木のお化け：義経弁慶と関守富樫の対決『勧進帳』。つぎつぎと植木の化け物が出てきては、歌舞音曲を演じてゆく。
- 九谷 —— 鰻の幇間、壺二百：短期で消滅した古九谷窯。高級品の古九谷の壺でも何でも、二百文に値切るとは法外な小噺「壺二百」。
- 七海(しつみ) —— 阿武松：6代目横綱「阿武松」の出身地。能登半島、穴水の東、能登町の海岸に横綱阿武松碑がある。

福井県

- 永平寺 —— 蒟蒻問答：永平寺で修行した坊さんが諸国行脚して禅問答。
- 小浜 —— **在原豊松**：蔵前の札差の豪快なエピソードで登場。人魚の肉を食べて八百歳まで生きた八百比丘尼、空印寺裏の洞窟で入定した。
- 気比(けひ)の神宮 —— 藪入り：名所巡り。越前国一宮気比神宮。社前の大鳥居は国重文。気比の松原は日本三大松原の一つ。

山梨県

- 甲斐 —— いが栗：道に迷った甲州の山中で、娘を呪う謎のいが栗坊主を目撃。上方では「五光」と題して、花札がサゲになる。
- 鰍沢(かじかざわ) —— 鰍沢：もとは三題噺。路銀を狙われた身延詣りの旅人が、鉄砲に追われて雪の「鰍沢」に飛びこむ。
- 五合目 —— 富士詣り：講中そろって富士登山。五合目でギブアップ。
- 身延山(みのぶさん) —— 鰍沢、**火中の蓮華**：日蓮宗総本山身延山久遠寺。盲

目の夫とそれを支える妻を襲った犯人が船で逃げるサスペンス人情噺。

長野県

- 川中島 ── やかん：武田信玄と上杉謙信の戦い。鞭声粛々と上杉軍が千曲川を渡ってきたため、あわてて兜の代わりに「やかん」をかぶる。
- 木曽 ── 昆布巻芝居、指仙人：木曽山中の怪異を描く落語が標題の2席。宮本武蔵を惑わす白髪の老人と、山奥で仙人になった遊女。
- 信濃 ── そば清：そば好きの男が、信濃の山中で猟師を丸呑みするウワバミを目撃。
- 善光寺 ── お血脈(けちみゃく)：極楽行きを約束する秘蔵の「お血脈」の御印を石川五右衛門が盗みとる。今は、戒壇めぐりで極楽行きを願う。
- 戸隠 ── 佃祭：梨を断って戸隠神社に願をかけると虫歯がなおる故事。

岐阜県

- 青墓 ── 熊坂、源平：大垣の西。盗賊の「熊坂」長範は、青墓で金売吉次を襲うが牛若丸に討たれる。源義朝一行が頼った青墓の大炊(おおい)氏のもとで、手負いの朝長が死亡。円興寺跡に朝長らの墓がある。
- 関ヶ原 ── 井戸の茶碗：天下分け目関ヶ原の合戦。この時に、「井戸の茶碗」は紛失と説明。首塚などの史跡が広い範囲に点在する。
- 養老の滝 ── 二十四孝：名水百選の一つに選ばれた名瀑。孝行を天が感ずれば、滝水が酒になったり、若返りの水になったりする。

静岡県

- 赤沢山 ── 鸚鵡の徳利：曽我兄弟仇討の文句。河津三郎が工藤祐経に暗殺された最期の地で、血塚が伊豆高原駅の南にある。
- 秋葉神社 ── 牛ほめ：火伏の神様。牛の尻に御札を貼れば屁の用心。
- 熱海 ── **熱海土産温泉利書**：熱海に湯治に来たかつての恋人同士が、偶然再会する圓朝作の人情噺。温泉ばかりでなく、秘宝を展示する城山もある。
- 宇津ノ谷峠 ── **文弥殺し**、毛氈芝居：昼でも暗い東海道の難所。宇都谷峠地蔵堂で盲人の文弥が殺される芝居を演じる「毛氈芝居」。地蔵尊は峠下の慶龍寺に移転。この寺はブドウ房のような十団子が名物。
- 大井川 ── 七度狐：喜六と清八が裸になって川を探りながら渡る。深〜いか浅いか。
- 掛川 ── 雁風呂：掛川の茶店に休む水戸黄門が、居合わせた淀屋辰五郎に、屏風に描かれた松に雁の由来を尋ねる。

- 静岡 ── お茶汲み：「お茶汲み」だから、女郎の出身地は静岡。
- 原 ── 城木屋：東海道宿場織りこみの「城木屋」では、“原”は“吉原”。駿河に過ぎたる白隠禅師と言われた、白隠の墓は原の松蔭寺。
- 一言坂(ひとことざか) ── くしゃみ講釈：話中の講釈の文句。浜松城へ敗走する家康が、ひと言戦勝の願を掛けた観音堂がある。
- 富士山 ── 浮世床、半分垢：「半分垢」では雪のかぶった富士山を三島からながめる。「浮世床」では抜いたヒゲで富士見西行を描く。
- 鞠子 ── とろろん：東海道の宿。名物とろろ汁を諸芸で催促する落語。
- 三島 ── 半分垢：インチキ占いの八百屋が、三島の宿屋で紛失した金を算盤占い。鴻池家へ行くのとは別バージョンの「占い八百屋」。
- 三保の松原 ── 羽衣：松原に天下った天人の羽衣を伯良が奪いとる。
- 無間の鐘 ── 搗屋無間(つきやむげん)：これを撞くと願いが叶うが、引き替えに無間地獄へ堕ちる。粟ヶ岳山頂近くに鐘を埋めた井戸がある。

愛知県

- 岡崎 ── 兵庫船：“五万石でも岡崎様はお城櫓に船が着く”にちなみ、乙川畔には御影石造りの船がおかれている。城には家康胞衣塚(えなづか)も。
- 七里の渡し ── 桑名船：尾張の宮宿と伊勢の桑名宿とを結ぶ東海道の舟渡し。途中の海路は埋立でほとんど陸地になってしまった。熱田側には、常夜燈と再建された時の鐘がある。
- 豊川稲荷 ── 木の葉狐：豊川閣妙厳寺。荼枳尼天(だきにてん)を祀る。豊川稲荷のお遣いが、木の葉のままのお札を渡す。変わった味の落語。
- 中村 ── 人形買い：豊臣秀吉生誕地とされる常泉寺(中村区中村町)には秀吉産湯の井戸がある。隣の妙行寺は加藤清正生誕地とされる。
- 名古屋城 ── 軽業：“尾張名古屋は城で持つ”の文句で頻出。柿木金助が凧に乗って金の鯱鉾のウロコを盗みとった。
- 鳴海(なるみ) ── ふだんの袴：東海道の宿。鳴海の浴衣は、有松(ありまつ)・鳴海特産の絞り染め。有松には、開祖竹田庄九郎の巨碑が立つ。
- 西尾 ── 九段目：忠臣蔵「九段目」加古川本蔵の代役で呼ばれた元三河万歳、「にゅう」の主人公の出身地。かつて、万歳の盛んな土地だった。今は碾茶(てんちゃ)が特産。
- 吉田 ── 洒落小町：豊橋の古称。“足駄通れば二階から招く”の洒落。塩味の大根葉を刻みこんだ菜飯と八丁味噌を塗った田楽豆腐が名物。

三重県

- 阿漕ヶ浦 ── 西行：津市内。伊勢の海阿漕ヶ浦に引く網もたび重なれ

ば顕れにけり。謡曲「阿漕」の舞台でもあり、阿漕塚が残っている。

- 朝熊山(あさまやま) ── 万金丹：金剛證寺。伊勢朝熊万金丹の産地。
- 伊勢神宮 ── 狸の娘、東の旅、百人坊主：内宮外宮はじめ、間の山、茜(あこね)稲荷など「宮巡り」には多数の地名が登場する。
- 桑名 ── 桑名船：七里の渡し場。船に魅入った鮫を講釈師が撃退。上方の「桑名船」は東京の「岸柳島」。その手は桑名の時雨蛤屋が多い。
- 鈴鹿峠 ── 愛宕山、軽石屁：東海道の難所を尻つきで登る。「愛宕山」の一八もまねをした。駕籠屋に軽石の入った酒を飲ませて、駕籠の中の友人を屁責めにする「軽石屁」。
- 銭掛松 ── 夢八：伊勢音頭の文句。伊勢の豊久野銭掛松。古銭のかかった松の枯れ枝が堂内に残る。
- 鳥羽 ── 鮑のし：鳥羽浦志摩浦でとれたアワビ。剝いて干したのがのしの根本。

滋賀県

- 姉川 ── 浮世床：元亀元年の姉川の合戦は草野川合流点の上流。敵にむかついて大太刀を振りかざすのは真柄じふらふ左衛門。
- 石山寺 ── 掛取万歳：西国三十三ヶ所第 13 番札所。巨大な珪灰石が寺の名の由来。石山寺の秋の月は、「近江八景」の一つ。
- 伊吹山 ── がまの油、亀屋佐兵衛：四六のガマが棲む。薬草でも知られ、ヨモギは伊吹もぐさの原料。降雪が多く、スキー場もあった。
- 姥ヶ餅 ── 指南書：草津銘菓姥ヶ餅。移転して手広く営業中。旧地には矢橋道の道標が立つ。うまいものは宵に食えとの「指南書」。
- 逢坂山 ── 反故染め：新調の振袖に和歌が散らし書き。上前には逢坂山のさねかづら、めくると、人こそしらね乾く間もなし。
- 大津 ── こぶ弁慶：東海道最後の宿場で好きなものをたずねあい。弁慶の大津絵を塗りこんだ壁土を食べたら、肩から弁慶のコブが出た。
- 柏原 ── 亀屋佐兵衛：中山道の宿場。特産もぐさの亀屋左京が現存。
- 走井(はしりい) ── 走り餅：大津銘菓走井餅。京都との境、月心寺に走井が残る。大谷駅そばに元祖走井餅本家の碑。
- 比叡山 ── 梅の春、こぶ弁慶、橋弁慶：比叡山延暦寺。比叡おろしや山尽くしでも登場。弁慶は山から都へ下りて腕だめし。五条大橋で牛若丸と出会う「橋弁慶」。
- 比良 ── 近江八景、がまの油：琵琶湖の西岸に連なる比良山地にはスキー場も。真剣の切れ味、比良の暮雪は雪降りの形、ふっと紙吹雪。
- 琵琶湖 ── うそつき村、矢橋船：日本最大の湖だが、洗濯タライにも

される。「矢橋船」では矢橋から大津への船中で刀の詮議。大津には、講談の明智左馬之助湖水渡碑もある。

- 三井寺 ── 近江八景、蜀山人：西国三十三ヶ所第 14 番札所。「近江八景」の一つの三井寺の鐘に、弁慶の引きずり鐘。

京都府

- 愛宕山 ── 愛宕山、いらちの愛宕詣り：標高 924 メートル。試みの坂、七曲りと登って行く。山頂には火伏せの愛宕神社。
- 一力（いちりき） ── 七段目：忠臣蔵「七段目」にも出る祇園の茶屋。芝居好きの若旦那が、お軽役の小僧さんに斬りかかる。階段のてっぺんから「落ちゃるか」、の小噺も。
- 井出の玉川 ── 蛙茶番、高野違い：高野の玉川などとならんで、六玉川の一つ。奈良に近い井手町の細川。山吹と蛙で名高い。井出の玉川冬枯れて、「蛙茶番」の忍術譲り場に登場。
- 宇治 ── 色事根問：宇治の茶どころ。女惚れしない蛍踊りで有名。絵姿に似た女を見かけ、宇治川の急流に漕ぎだす「宇治の柴舟」。
- 大江山 ── 試し酒、手無い人：鬼の町。酒呑童子像や鬼の岩屋の鍋塚。
- 桂川 ── 胴乱の幸助：お半長右衛門が心中した桂川。虎石町ではなく桂川へ先回りするなら、阪急電車にすればよかった。
- 清水寺 ── 景清（かげきよ）、茶金、殿集め：音羽の滝の茶店に休む「茶金」。清水の舞台から飛ぼうとしたのが「殿集め」。お堂の奥扉が開いて「景清」の眼を授かる。随求堂（ずいぐどう）の前には、景清が観音様を爪彫りした石燈籠。
- 金閣寺 ── ぬの字鼠：縛られた小坊主が、歌舞伎『金閣寺』の雪姫さながらに、涙でネズミを描いて縄を切る。
- 鞍馬山 ── 青菜、天狗さし、天狗裁き：鞍馬の火祭で有名。鞍馬寺で牛若丸が修行。鞍馬の奥、僧正ヶ谷には天狗が現れる。
- 御所 ── 祇園会、茶金、鼻利き源兵衛：官位を得た「鼻利き源兵衛」は御所の庭をきままに散策。「茶金」が持参したひびのない茶碗が無頓着に御衣の裾をぬらす。京都人の自慢、紫宸殿の砂利をつかむと瘧（おこり）が落ちる「祇園会」。
- 嵯峨 ── 浮世風呂：常磐津「将門」の“嵯峨や御室の花盛り”の例。嵯峨竹はよくしなって、幇間の一八が「愛宕山」の崖の下から生還。
- 三条大橋 ── 京見物、三十石：鴨川に架かる。天正 18 年、増田長盛の架橋。「三人旅」のゴールで、「京見物」へと続く。
- 島原 ── 能狂言、馬子茶屋：官許の廓。移転のさまが島原の乱のよう

だとも。「能狂言」では与市兵衛から奪った50両で島原へ参ろう。

- 神泉苑 ── 田楽喰い：小野小町が雨乞いをした。門前には薬店。
- 蛸薬師 ── こぶ弁慶：妙心寺。蛸薬師通の東端。願かけすればイボでもコブでも取ってくれる。
- 知恩院 ── 甚五郎、万金丹：浄土宗総本山。巨大な三門は日本最大。御影堂(みえいどう)正面右側の軒下にあるのは、「甚五郎」の忘れ傘。
- 伏見 ── うんつく酒、大丸屋騒動：酒造業や鳥羽伏見の戦いで登場。伏見大丸屋の長兄は、切っても切れない不死身の兄。伏見寺田屋の浜から「三十石」船に乗りこむ。
- 本能寺 ── 本能寺：芝居噺に登場。本能寺の変の時は四条西洞院にあった。元本能寺南町の辻に、此附近本能寺址の碑。
- 水江 ── 小倉船：丹後半島の伊根町。浦島太郎の出身地。浦嶋神社で玉手箱の絵解きをする。
- 八坂神社 ── 大丸屋騒動：夏の「祇園会」に暮れのおけら火。盆踊りの輪の中に、血刀を下げた大丸屋の若旦那がふらふらと斬りこむ。
- 柳谷の観音 ── 景清：楊谷寺。眼病に霊験で、目貫師の定次郎も日参。
- 淀 ── うどん屋、三十石：くるくる回るは淀の川瀬の水車。淀城の石垣には、記念の意味なのか、ミニ水車が置かれていた。
- 羅生門 ── 鬼の面：羅生門に棲む鬼、茨木童子の腕を渡辺綱が斬り落とす。「鬼の面」のサゲの“金札つかんだ”は、この故事を踏まえる。

大阪府

- 池田 ── 池田の猪買い、牛ほめ：叔父さんの新築祝いのついでに「牛ほめ」。雪のちらつく中、山猟師が鉄砲で猪撃ち。酒造業も盛ん。
- 泉佐野 ── 莨の火：飯の暴れ旦那が、泉佐野から今橋の鴻池本宅へ。
- 岸和田 ── 宿屋仇：岡部美濃守城下。繁華な土地で、静かな宿が少ない。会館でだんじりを展示。お土産は銘菓村雨。
- 暗峠(くらがりとうげ) ── 東の旅：伊勢参宮道。頂部は石畳道になっている散歩コース。途中には弘法大師の水も。
- 堺 ── 三十石、三枚起請：大坂より三里南の刃物の町。「堺飛脚」は、何でも古いとけなす飛脚を、とうとう狸が化かす噺。
- 狭山 ── 住吉駕籠：河内狭山(さやま)の治右衛門さん、めでたくお孫さんが御祝言。狭山池は日本最古のため池。
- 信太(しのだ)の森 ── 親子茶屋、天神山：葛の葉伝説の地。人に化けた通力が切れ、左手、裏文字から、筆を口にくわえて障子に歌をしたためるのが「天神山」の狐の演出。

- 野崎観音 ── 野崎詣り：曹洞宗慈眼寺。お染久松の比翼塚がある。岸と船とで口げんか。春の「野崎詣り」のスケッチ。
- 能勢の妙見 ── 不精の代参：能勢山上、北辰妙見大菩薩を祀る日蓮宗の寺。大阪で突かれた惰性で山頂まで登りきるとは、マメで不精な男。
- 服部天神 ── 池田の猪買い：服部天神宮。池田への道中。太宰府に向かう菅原道真公の病を癒し、脚気や脚の病に霊験という。
- 瓢箪山 ── 辻占茶屋：古墳の上に瓢箪山稲荷。河内瓢箪山恋の辻占。
- 枚方《ひらかた》 ── 三十石：三十石船に近づいて来て、物を売りつけてくるくらわんか舟。鍵屋浦には碇はいらぬ三味や太鼓で船とめる。
- 箕面《みのお》の滝 ── 蛇含草《じゃがんそう》、そうめん食い：かつての滝は、途中の岩で腰を打っていた。そこで、額でバウンドさせ餅の曲食いをする「蛇含草」。名物はモミジの天ぷらに野猿。
- 妙国寺 ── 片手屋、祇園会：堺の名刹。天然記念物の大ソテツには、さすがの江戸っ子もびっくり。

大阪市北区

- 円頓寺 ── 鷺とり：萩の名所。夜になると、ここの池に鷺が集まってきて捕り放題。東梅田駅から徒歩5分。今はとても鷺どころではない。
- 鶴満寺 ── 鶴満寺：枝垂れ桜の名所。寺男に鼻薬を渡して禁じられた花見をする落語。
- 北の新地 ── お文さん、菊江仏壇、莨の火：かつて蜆川両岸に茶屋がせり出していた。明治の大火、空襲で完全に焼けてしまった。
- 造幣局 ── いかけ屋：明治4年に始まる大阪造幣局。桜の時季は通り抜けで開放。「いかけ屋」は金を湯に沸かして、まるで造幣局。
- 天満の市場 ── 千両みかん：果物を扱う赤物市場。夏場に備えミカンを囲っておくほどの財力があった。河川敷に天満青物市場跡碑が立つ。
- 天満の天神 ── 初天神、花の都：大阪天満宮。「花の都」で、喜六が賽銭箱の陰から天狗の羽団扇を使って娘の鼻を伸ばした。
- 堂島 ── 米揚げ笊《いかき》、住吉駕籠、冬の遊び：米相場が開かれた堂島。昭和14年に米市場は閉鎖。稲穂を捧げた童子像がある。ジキと呼ばれる旦那衆は、落語でも権威ある存在に描かれる。
- 難波橋 ── 船弁慶、遊散船：川は旧淀川。浪花三大橋の一つ。大正4年の架橋時に、現在の堺筋に移った。四隅を守る獅子がシンボル。
- 淀屋橋 ── 雁風呂：川は土佐堀川。南詰に屋敷があった淀屋个庵《こあん》が架橋。幕府の処分を受けた淀屋辰五郎は、江戸大名屋敷へ借金を取りたてに行く。

大阪市中央区

- 安堂寺橋 ── 東の旅：伊勢詣りの大河落語は、安堂寺橋が出発点。
- 大川町 ── 高津の富：土佐堀川に面する。宿屋が並んでおり、たまにとてつもない大金持ちが泊まる。
- 大阪城 ── くしゃみ講釈、胴乱の幸助：大阪人ならば誰もが知っている名所。天守閣は昭和6年に再建。歴代の天守の中で最も長寿。「天神山」に棲む狐を怒らすと城の濠に放りこまれる。
- 黒焼屋 ── いもりの黒焼、親子茶屋、天神山：高津神社の脇にあった。狐は黒焼屋に持ちこめるが、親父はダメ。「いもりの黒焼」は媚薬。
- 高津神社 ── 高津の富、崇徳院：祭神は仁徳天皇。境内は「高津の富」くじの会場、見晴らしのよい絵馬堂は「崇徳院」の出会いの場。
- 鴻池家 ── 御神酒徳利、位競べ、鴻池の犬、須磨の浦風、莨の火：今橋にあった豪商鴻池家が舞台となる落語は4つもある。本宅跡地に石碑が置かれている。
- 坐摩(ざま)の前 ── 持参金、堀川：摂津一宮、坐摩(いかすり)神社の前。博労町にかけて古着屋が建ちならび、客を目当ての飲食店も多かった。
- 城の馬場(ばんば) ── 牛の丸薬(がんじ)：広い馬場で「初天神」帰りの親子が凧揚げ。にわかに天狗風、合羽舞い上がる、合羽屋親爺はうろたえ騒いで。
- 心斎橋 ── 口入屋、天狗さし：長堀川に架かっていた鉄橋は鶴見緑地に保存される。心斎橋周辺の繁華街では、「天狗さし」が天スキの店を開店準備中。
- 住友様の屋敷 ── 次の御用日：銅座へ納める銅を精錬した。板塀で囲まれた住友の屋敷跡も、今は公園。東横堀に面して住友の浜。こんな寂しい場所で大男が、アッ！ と言って大家のお嬢さんを昏倒させる。
- 千日前 ── 出歯吉：法善寺千日寺の前。もとは刑場。「らくだ」の代わりに願人坊主が焼かれかけた火屋。旧竹林寺の黒門を千日前に入り、南の突きあたり。
- 船場 ── 市助酒、貝野村、口入屋、仔猫、正月丁稚、千両みかん：大阪の商家が出てくる落語のほとんどは、船場が舞台。
- 宗右衛門町 ── 親子茶屋、たちきり：戎橋の北詰を東へ行けば宗右衛門町。茶屋の大和屋、富田屋(「三人兄弟」など)が出てくる。
- 道頓堀 ── 鰻屋、蔵丁稚、鍬潟：安井(成安)道頓、道卜の開鑿になる堀割。戎橋周辺の両岸は親水化が進んだ。しかし、「鰻屋」の酒がわりにがぶがぶ飲めるほどきれいにはなっていない。

- 道修町(どしょうまち) ── げほう頭：薬種店街。薬祖である神農を崇敬し、張り子の虎を授与する神農祭が盛ん。
- 丼池(どぶいけ) ── 池田の猪買い、へっつい盗人：繊維卸業が集まっている。以前はへっついを盗まれそうな不用心な道具屋があった。
- 中座 ── 足あがり、上方見物：道頓堀五座の一つ、中の芝居。寛文年間に開場。戦後は松竹新喜劇がかかり、松竹系の演芸場となる。1999年に閉館し、解体中の2002年に爆発全焼した。
- 西町奉行所 ── 佐々木政談、茶碗屋政談、次の御用日：西町奉行所は、お白洲ものの定番。本町橋の東、マイドームおおさかのところに碑がある。東町奉行所の方は、大阪合同庁舎1号館前に碑。
- 日本橋(にっぽんばし) ── 田楽喰い：橋は道頓堀に架かる。落語では宿屋街。安眠できるかは部屋割り次第、心付けには無関係の「宿屋仇」。
- 農人橋(のうにんばし) ── 饅頭怖い：公儀橋。農人橋から身投げした女の足音がじたじたと追いかけてくる恐怖シーン。
- 八軒家 ── 胴乱の幸助：大阪と伏見を結ぶ三十石船の発着場。明治9年からは蒸気機関車と蒸気船がしばらく競いあった。
- 本町の曲り ── 商売根問、次の御用日：東横堀が本町橋の南で屈曲する。大阪でもとりわけ寂しいところで、河童が棲む。
- 松屋町 ── 佐々木政談："まっちゃまち"と唱える。松屋町筋は、東横堀のすぐ東、今でも人形店、玩具問屋が並ぶ。
- 三津寺 ── まめだ：葉っぱで膏薬を買ったが、塗り方を知らないまま三津寺境内で死んだ豆狸の上に、イチョウの葉がはらはらと散る。
- 四ツ橋 ── 辻占茶屋：長堀川と西横堀川の交点に井桁状にかかっていた4つの橋。小西来山、涼しさに四つ橋を四つわたりけり。心中を約束した男女が、別々の橋から飛びこむ「辻占茶屋」。

大阪市西区

- 安治川 ── 口入屋、堀川：中之島以西の淀川下流部。河村瑞賢の開鑿により直流する。東が玉造なら西が安治川。荷出しのお使い先。
- 阿弥陀池 ── 阿弥陀池、お血脈、御神酒徳利：和光寺境内にある池。ここから出現した阿弥陀がイケと命じた場所が信濃の善光寺。
- 茨住吉 ── 三年酒：九条島の産土神。ここの神道講釈に凝ったおかげで、「三年酒」を飲んで昏睡した又さんは焼かれずにすんだ。
- 靭(うつぼ) ── 牛の丸薬：靭の干魚市場。荷揚げ場の永代浜跡碑が靭公園にある。「牛の丸薬」は、靭の干鰯屋に扮して田舎で詐欺を働く落語。
- 木津川 ── 鯉舟、骨つり：床屋が網打ちでコイを捕る「鯉舟」、石川

五右衛門のシャレコウベを釣る「骨つり」。

- 新町 ── 三人兄弟、新町ぞめき、**浪速大潮月**、冬の遊び、吉野狐：大坂官許の廓。今は全く面影がない。加賀の千代の句碑、だまされて来て誠なりはつ桜。
- 瀬戸物町 ── 壺算：西横堀沿いに瀬戸物屋が並んでおり、朝商いだと半値で壺が買えた。陶器神社は中央区の坐摩神社内。
- 堀江 ── 五人政談、ざこ八：西横堀と木津川を結ぶ堀割に由来。北は遊廓、南は大坂相撲。堀江の六人斬りの生き残り、両腕を落とされた芸者妻吉は寄席に出演して人気を得た。
- 松島 ── 魚の狂句、代書屋：松ヶ鼻と寺島の合成地名。狂歌見立ては、玉味噌の悪土臭きぼらの汁。松島遊廓はランクが落ちている。

大阪市浪速区

- 赤手拭稲荷 ── ぞろぞろ：赤い手拭いを奉納。明治期にぱったり廃れた。親爺が一心にお詣りすると、手拭いでなくワラジが「ぞろぞろ」。
- 今宮恵比須 ── けんげしゃ茶屋：今宮のえべっさんは耳が遠くて目が近い。大阪に背を向けている聞こえんお方。
- 土橋 ── 土橋万歳：難波新川に架かっていた叶橋のこと。追いはぎに扮した番頭が、この橋の上で茶屋遊びをやめろと若旦那を戒める。
- 長町 ── 貧乏花見、箒屋娘：長町裏での用例が多い。南部には木賃宿が並んでいた。歌舞伎『夏祭浪花鑑』、団七九郎兵衛の泥場。

大阪市天王寺区

- 生国魂(いくくにたま)神社 ── 崇徳院：生玉さん。大阪落語の祖、米沢彦八の碑があり、彦八まつりが開かれる。
- 一心寺 ── 片袖、天神山：断酒の守り神本多出雲守や林家染丸ら芸人の墓があったりして、「墓見」(「天神山」の別名)には事欠かない。
- 産湯稲荷 ── 稲荷俥：ここの眷属が人力車にタダ乗りしてご帰還。
- 真田山 ── 真田山、猫忠(ねこただ)：「真田山」へ埋蔵金を掘りに行く珍しい落語。三光神社の社殿下にある大阪城へ通じる真田の抜け穴。「猫忠」の常吉もまねしてトンネルを掘る。
- 下寺町 ── 三年酒、八五郎坊主：上町台地から、風情ある坂道を下ると、南北に寺町が広がる。忙しい下寺町の坊主持ち。
- 天王寺 ── 一文笛、戒名書き、天王寺詣り：和宗総本山荒陵山四天王寺。日本最初の官寺。「天王寺詣り」は境内をずっと案内する落語。五重塔のてっぺんに取り残されるのが「鷺とり」。石の鳥居が「菜刀

息子」、物乞いに落ちぶれた息子と父親の再会の場面。

- どんどろ大師 ── 大盞(だいさん)、大師巡り：善福寺。大阪城代の土井利位(としつら)、土井殿の大師に由来。人形浄瑠璃『傾城阿波の鳴門』、巡礼おつるの別れ。
- 安居天神 ── 天神山：「天神山」で狐狩り。境内にかんしづめの井や真田幸村戦死跡之碑がある。見えるのは狐の巣穴か真田の抜け穴か。

大阪市都島区

- 毛馬(けま) ── 播州巡り：特産尽くしの毛馬キュウリ。与謝蕪村の生地。
- 桜宮 ── 桜の宮：桜の名所の大川堤。明治にはすでに対岸の桜にお株を奪われた。桜宮神社で巡礼兄弟の仇討茶番。

大阪市鶴見区

- 徳庵堤 ── 野崎詣り：「野崎詣り」の舞台。寝屋川を行く船と土手との口げんかのシーン。今はコンクリートの高い堤防が延々と続く。

大阪市城東区

- 六反池 ── 鯉舟：“六反池のおりえ殺し”のひと言が噺を引き締める。野江あたりは低湿地で、六反池もその中にあった。

大阪市東成区

- 深江 ── 東の旅：伊勢への道中。笠を買うなら深江笠。深江稲荷は摂津笠縫邑(かさぬいむら)跡とされ、伊勢式年遷宮の菅笠の作製にあたった。

大阪市生野区

- 猪飼野(いかいの) ── 猪飼野：桃谷あたりの野原。バス停に名を残す。猪飼野に現れた好色女を訪ねてみたら、自分の女房だったという小噺。

大阪市平野区

- 大念仏寺 ── 片袖：融通念仏宗総本山で、大阪府最大の木造建築。寺宝の「片袖」は年1回だけ公開される。

大阪市住吉区

- 瓜生野(うりうの) ── 歌根問：遠里小野とも。瓜生野から瓜振売りに売りに来て振売る瓜をかぶる瓜売り。
- 住吉新家 ── 箒屋娘：住吉参詣の人が立ち寄り、大いに繁盛した。こ

こで商家の若旦那が箒を売る娘を見そめる。
- 住吉大社 ── 卯の日詣り、始末の極意、住吉駕籠：住吉大社へ参詣する落語3題。三社が縦に一社が横の四社の社は、魚鱗鶴翼の陣。

大阪市阿倍野区

- 阿倍野斎場 ── 土橋万歳、向こう付け：明治7年に千日前から移転してきた。今も墓地が広がる。

大阪市西成区

- 勝間(こつま) ── **黄金包**：生根(いくね)神社に名産のこつま南瓜塚がある。
- 天下茶屋(てんがちゃや) ── 箒屋娘：豊臣秀吉が休息し、茶の湯を催した。しるしの屋敷と名水があったが、今は大楠と土蔵、碑のみ。
- 飛田(とびた) ── からし医者：大阪七墓の一つ、鳶田が旧称の遊廓。「蔵前駕籠」に似た「そってん芝居」では飛田の刑場で追いはぎが出る。

大阪市住之江区

- 大和橋 ── 疝気の虫：大阪と堺を分ける大和橋をこえたら「逆い夢」。

大阪市港区

- 市岡新田 ── 遊散船：砂地で西瓜栽培に適していた。皮まで赤い〜。
- 天保山 ── 小倉船、蛸芝居：築港にある標高4.5メートルの低山。碑も立っているが、もはや跡地と表示されている。

大阪市此花区

- 伝法 ── 野崎詣り：日蓮宗正蓮寺が行う真夏の川施餓鬼で有名。

大阪市福島区

- 野田 ── 大阪名所四季の夢、軽業：藤の名所。「軽業」の口上、野田の古跡は下がり藤。
- 福島羅漢前 ── しじみ売り、貧乏花見：妙徳寺前。裸の体に墨を塗った姿で花見をしたり、真冬にシジミを売る少年など、社会の底辺に生きる人びとが描かれる。

大阪市淀川区

- 十三(じゅうそう) ── 口合小町(くっちゃいこまち)：サツキの名所で登場。白とヨモギの焼餅も名物。

- 三国の渡し ── 池田の猪買い：現在の三国橋あたり。池田へは、十三の渡し（旧中津川）、三国の渡し（神崎川）と渡って行く。

大阪市東淀川区

- 崇禅寺（そうぜんじ） ── 崇禅寺馬場：崇禅寺門前で、遠城治左衛門・安藤喜八郎兄弟が返り討ちにあう。2人の墓が境内にある。

兵庫県

- 相生（あいおい）の松 ── 播州巡り、風呂敷：播州は松の名所の案内。高砂神社の相生の松、尾上神社の尾上の松、別府（べふ）住吉神社の手枕の松。
- 明石 ── 明石飛脚、西行、蛸芝居：大阪から明石まではいくら走っても15里。「蛸芝居」では明石のタコが酢ダコにされまいと立ち回り。
- 赤穂 ── **大久保曽我誉廼仇討**、淀五郎：元禄14年、江戸城での刃傷により播州赤穂浅野家は断絶。忠臣蔵は各段が落語になっている。人情噺には、花岳（かがく）寺にある四十七士の墓が出てくる。
- 有馬 ── 有馬小便：お医者様でも有馬の湯でも恋の病は治りゃせぬ。温泉旅館の2階座敷から竹筒に小便をさせる珍商売。名産は人形筆。
- 伊丹 ── 商売根問、うんつく酒：鴻池新六が伊丹で清酒製法を発見し、とんとん拍子に“運つく”となる。名物こぼれ梅でスズメも酔っ払う珍商売を発案。
- 一の谷 ── 源平：源平合戦、鵯越（ひよどりごえ）から一の谷へ逆落とし。須磨の海岸には、戦の浜碑が立つ。
- 篠山 ── 胴乱の幸助：「胴乱の幸助」は大阪に出て真っ黒になって働いた。丹波篠山山家の猿が……、デカンショ節民謡碑がある。
- 書写山 ── こぶ弁慶：書写山圓教寺。西国三十三ヶ所第27番札所。弁慶鏡の井は、いたずらで朋輩に墨を塗られた顔を覗いた井戸。
- 白旗 ── 蛙茶番：播州白旗城主、赤松満祐は将軍足利義教を殺し、播磨に下る。「蛙茶番」、天竺徳兵衛忍術譲りの場面。
- 須磨 ── 須磨の浦風：紀州公をもてなすため、松の葉そよぐ須磨の涼風を長持に詰めこんで取り寄せる贅沢。
- 須磨寺 ── 播州巡り、宿屋仇：上野山福祥寺。落語のとおり、敦盛の馬盥の額、青葉の笛を所蔵。還俗した坊さんの相撲しこ名は捨衣。
- 龍野 ── **黄金包**：揖保（いぼ）川の渡しが上方人情噺に登場。甘酒を加えた淡口醤油と素麺が特産。
- 鼓ヶ滝 ── 西行：西行が夢うつつで和歌三神に歌の添削を受ける。歌碑、音にきく鼓が滝をうちみれば川辺にさくやしら百合の花。落語の

ように、鼓の音のタンポポではなかった。

- 灘 —— 子ほめ：宮水で作る灘の生一本。赤ん坊を賞めたごほうび。
- 西宮戎神社 —— 阿弥陀池：戎さんのタイをかわす、で登場。新年の十日戎には、開門と同時に一番乗りの福男を目指して猛ダッシュ。
- 人丸神社 —— 明石飛脚、播州巡り：柿本神社。和歌、火除け、安産の神様。明石まで走った飛脚は神社の茶店でダウン。盲杖桜、八つ房梅、芭蕉句碑にお筆柿。
- 姫路 —— 皿屋敷：「皿屋敷」に毎晩現れるお菊の幽霊。こわごわ見るとあまりにも美人なので観客が殺到する。お菊井戸は姫路城内。
- 兵庫 —— 金明竹(きんめいちく)、兵庫船、宿屋仇：平清盛が開いた兵庫港。「宿屋仇」の旅人も自慢の土地。屏風を好む坊さんが住んでいる「金明竹」。「播州巡り」の掉尾は「兵庫船」、乗合の一行にフカが魅入れる。
- 六甲山 —— 延陽伯(えんようはく)：六甲おろしに乗って土風が吹いてくると、細かな砂が眼に入って難儀する。笥篳風屏の苦しみ。

奈良県

- 猿沢の池 —— 猿後家、奈良名所：興福寺南の放生池。奈良名所の一つだが、猿によく似た後家さんの前では禁句。
- 十三鐘 —— 鹿政談：大御堂境内。手習いの紙を食べた鹿を誤って殺した三作供養のため、明け暮れに十三鐘をつくという。三作の墓がある。
- 龍田山 —— 洒落小町：紅葉の名所。旦那の浮気を止めるまじないの歌、風吹けば沖つ白浪龍田山夜半にや君が一人越ゆらむ。龍田川は「千早振る」の関取。
- 洞川(どろがわ) —— 愛宕山：山上詣りの大峰山麓。苦い健胃生薬の陀羅尼助(だらにすけ)が名産。厳しい山道、あんじょうお詣り。
- 奈良の大仏 —— 三十石、大仏餅：東大寺大仏殿とともに国宝。「大仏餅」では小噺「大仏の眼」と同様に目から鼻へ抜ける。「三十石」ではお乳母さんが大仏さんを横抱き。
- 三輪 —— 軽業：「軽業」の口上、ならぬ旅籠や三輪の茶屋。大神(おおみわ)神社は酒造業者の信仰が篤い。「渋酒」、酒屋の杉玉の由来。
- 大和 —— 土橋万歳：「吉野狐」は、野施行(のせぎょう)で助けた狐が、恩返しにうどん屋を手伝う落語。商家の女子衆や「土橋万歳」の小僧さんの出身地。国ごとに万歳が伝わるが、大和の万歳は重き罪。
- 吉野 —— 鼻利き源兵衛、花の都：桜の名所。金峯山寺(きんぷせんじ)の銅(かね)の鳥居は日本三鳥居。中の千本は南朝後醍醐天皇の墓、奥の千本は西行隠棲の地。

和歌山県

- 熊野 ── 熊野の牛王(ごおう)、三枚起請、悋気の独楽：那智・新宮・本宮の熊野三所権現。それぞれ図柄の異なる熊野牛王の誓紙を授ける。
- 熊野の浦 ── 二人旅：片田舎の居酒屋では、注文を受けてから親爺が鯨汁の材料を仕入れに行く。
- 高野山 ── 片袖、高野違い、たけのこ、蛸坊主：真言宗総本山高野山金剛峯寺。奥の院まで著名人の分骨が収められた墓石が並んでいる。家宅侵入の「たけのこ」も翌日には高野へ収まる。高野の玉川は毒水だと戒めるのが「高野違い」。
- 田辺 ── **浪速大潮月**：上方の人情噺の主人公が田辺藩士。田辺は弁慶の生誕地とされ、闘雞神社には弁慶産湯の釜や別当湛増(たんぞう)の像がある。「こぶ弁慶」を連想させる。
- 道成寺 ── 蔑道成寺：鐘の中にかくれた安珍が焼かれたため、今でも鐘がない。能に使う張りぼての鐘が吊された広間で、道成寺絵巻の絵解きをしてくれる。
- 友ヶ島 ── 苫ヶ島：和歌山沖に浮かぶ苫ヶ島。紀州藩主徳川頼宣が御座船をしたて、ウワバミ退治に乗りだす。
- 日高川 ── 下女日高川、弥次郎：迫りくる清姫から逃がれようと、船で川を渡る安珍こと「弥次郎」。蛇体になった清姫は泳いで渡る。
- 堀越村 ── お玉牛：「お玉牛」の前半は、お玉が堀越村に住むきっかけを描く。堀越癪観音のあるかつらぎ町が舞台だろう。
- 和歌浦 ── 後家殺し：『三十三間堂棟由来』木遣りの文句、和歌の浦には名所がござる。義太夫のほめ言葉が「後家殺し」。一に権現、東照宮。二に玉津島神社。
- 和歌山 ── 紀州飛脚、**八重葵噂天一**：5代藩主吉宗公は「紀州」の主人公。落とし胤が「**八重葵噂天一**」の天一坊。
- 和歌山城 ── 大名将棋：上方の「将棋の殿様」は和歌山城に設定。天守閣は戦後の再建。“紀伊国名草郡虎伏山”にちなむ虎伏像がある。

鳥取県

- 鳥取 ── 反魂香：鳥取出身の島田重三郎が、高尾太夫からもらった反魂香を焚くと、高尾の亡霊が現れる。

島根県

- 出雲大社 ── 兵庫船：お国自慢尽くし。縁結びの神様。稲佐の浜に近

い上の宮では旧暦10月に神々が集まって縁結びをする。

- 石見銀山 —— **心中時雨傘**：世界遺産。悪戯者はいないかな、の売り声で知られる石見銀山鼠取り。これを飲んで心中する哀れな人情噺。
- 松江 —— 不昧公夜話(ふまいこうやわ)：7代藩主松平不昧が主役の噺。月照寺に松平家歴代の廟所がある。宗衍(むねのぶ)公墓前の巨大な石亀は、夜半に町を歩き回った。

岡山県

- 院庄(いんのしょう) —— 道灌：「道灌」、ご隠居のうんちく。児島高徳(こじまたかのり)が桜の幹を削って、後醍醐天皇を励ます十文字の漢詩を書いた故事。現在の作楽(さくら)神社で、院庄碑がある。
- 吉備津神社 —— 播州巡り：備中の名所。吉備国の総鎮守。本殿は国宝。『雨月物語』の吉備津の釜を拝観できる。
- 高松城 —— 人形買い：豊臣秀吉の水攻めにあって落城。秀吉が築いた堤防が残っている。城主の清水宗治は和睦のため自刃した。
- 備前長船(おさふね) —— 金明竹：刀剣の名産地。古道具屋にやって来た上方もののセリフ。中身は備前長船則光で柄前が鉄刀木(たがやさん)。

広島県

- 海田(かいた) —— 狼講釈、仔猫：広島市の東。怪談がかった「仔猫」に出てくる下女の出身地。夜中にお店を抜けだしては猫にかじりつく。「狼講釈」は、山中で狼に取り囲まれた噺家が、ポンポン鉄砲じみたニセ講釈を語る上方落語。
- 鞆(とも) —— 播州巡り：名産尽くし。保命酒は味醂に十数種の薬草をつけこんだ薬用酒。鞆の浦は仙酔島、弁天島などの海岸美。
- 宮島 —— からくり医者、天王寺詣り、兵庫船：日本三景の一つ。世界遺産、厳島神社の海中鳥居は日本三鳥居に数えられる。宮島の周囲七カ所を巡拝する七浦七恵比寿は、のぞきからくりの文句に出てくる。

山口県

- 赤間ヶ関 —— 梅の春：下関の古称。赤間硯に名を残す。清元の名曲「梅の春」が生まれた由来の音曲噺。長州公の屋敷に集まった大田蜀山人と清元太兵衛が登場人物。講釈師の「不動坊」は下関で客死。
- 阿武松原(おうのまつばら) —— 阿武松：横綱阿武松のしこ名の由来。萩市街北の菊ヶ浜を指すらしい。萩城を望む砂浜で、夏は海水浴場となる。
- 錦帯橋 —— 転宅：岩国にある日本三奇橋の一つ。5連のアーチからな

る木橋。たもとには佐々木小次郎が燕返しを編みだしたゆかりの柳。
- 壇ノ浦 ── 源平：平家滅亡までを描く地噺。安徳天皇の赤間神宮も登場。境内には、平家七盛塚や琵琶を弾く耳なし芳一像。

徳島県

- 祖谷渓(いやだに) ── がまの油、兵庫船：秘境の例で登場。弘法大師が芋を石に変えてしまった。かずら橋が見どころ、名物は祖谷そば。
- 徳島 ── 田能久(たのきゅう)：孝行者が報われる民話風の落語。田能久の出身地は、阿波徳島の在、田能村とある。

香川県

- 金刀比羅宮 ── 播州巡り：讃岐のこんぴらさん。金比羅として頻出。「素人鰻」の金さんは断酒の誓い。高い石段を登って森の石松も参拝。江戸の虎ノ門にあるのは丸亀藩の屋敷神。ご縁日は「九日十日」。
- 志度の浦 ── 綱七：「綱七」は海女の珠取伝説をふまえる珍しい噺。志度寺は四国八十八ヶ所第 86 番札所。境内に海士の墓。
- 屋島 ── 源平、こぶ弁慶、継信(つぎのぶ)：那須与一が扇の的を射ぬいた屋島の古戦場。佐藤継信は源義経を守って落命した。

愛媛県

- 宇和島 ── 毛氈芝居：旅興行で御難のマクラ。伊達政宗の流れをくむ 10 万石の城下町。宇和島のお家騒動は講談の題材。
- 鳥坂峠(とさかとうげ) ── 田能久：田能久は、ここの山中を夜越ししていてウワバミに襲われる。ふもとには口留番所があった。
- 法華津峠(ほけつとうげ) ── 田能久：宇和島の芝居興行からあわてて徳島へ帰る田能久が最初に通る峠。眺望抜群の落語絶景。

高知県

- 高知 ── めだか：新作落語に登場。見どころは、よさこい節のはりまや橋、坂本龍馬の桂浜に、山内一豊の高知城。
- 土佐 ── 蛸坊主：土佐節に枕崎の薩摩節。かつお出汁のお椀で長年の修行が台なしだと料理屋をゆする売僧坊主。

福岡県

- 久留米 ── お祭佐七：江戸時代のイケメンお祭佐七の出身地。寄ってくる女を棒で払ったというほど。久留米は人形町の水天宮の本家。

- 小倉 —— 小倉船：小倉から下関へ渡る船中で、フラスコに入って龍宮城へひと潜り。
- 天拝山 —— 質屋庫：菅原道真がここから都をにらみ、無実を訴えたという。山頂に神社と菅公爪立ち岩がある。
- 箱崎 —— 人形買い：応神天皇の胞衣を箱に入れて埋めた印の筥松がある。筥崎宮の楼門には、亀山上皇祈願の敵国降伏額がかかる。

佐賀県

- 伊万里 —— 鰻の幇間：有田焼の搬出港。鰻屋ならば、もらい物のお猪口ではなく、伊万里焼や九谷焼の本物を使いたい。
- 武雄 —— べかこ：武雄温泉に流れついた噺家が、御殿に召される。お女中に「べかこ」をしたりと悪ふざけが過ぎたため、翌朝鶏が鳴くまで縛りあげられてしまう落語。
- 領巾振山(ひれふるやま) —— 派手彦：鏡山。松浦佐用姫(まつらさよひめ)は、戦地に赴く大伴狭手彦(おおともののさでひこ)を山頂で領巾を振って見送り。最後は悲しみのあまり石になった。
- 松浦川 —— 人形買い：誕生祝いに贈る人形は、神功皇后か太閤秀吉。神功皇后は松浦川で、髪の毛を垂らして朝鮮出兵の戦況を占った。

長崎県

- 長崎 —— 長崎の赤飯(こわめし)：長崎から赤飯が来て天竺から古褌が来る、とたとえられる異国情緒あふれる地。「月宮殿」ではへその仇を長杓で。横浜で修業の眼医者は「犬の目」の移植に成功し、長崎帰りの土生玄碩(はぶげんせき)は中村歌右衛門の眼をみごと治療する「名医と名優」。
- 長崎奉行所 —— てれすこ：浜に揚がった珍魚の名を奉行所が懸賞つきで募集する。県立美術館に奉行所の碑がある。
- 松浦の城 —— 高野駕籠：楽しく碁を囲む妻と妾の髪の毛が、蛇となって絡みつく影が障子に映る。これを見て苅萱道心(かるかやどうしん)が出家する。石童丸があとを追って高野山へ。
- 丸山 —— ちりとてちん：丸山や寄合町は西国きっての遊廓。筑後屋跡を中の茶屋として市が開放。名物は卓袱(しっぽく)料理に、日数の経った豆腐。

熊本県

- 天草 —— 深山隠れ：天草山中にある女盗賊のアジトを壊滅させる、荒唐無稽な上方落語。

- 熊本 ── 九州吹き戻し、宮戸川：「宮戸川」のお嬢さんが締め出しを食ったぐらいでは行かないが、落魄の幇間が流れ着くところ。「井戸の茶碗」を愛する細川の殿様の領国。「文七元結」の長兵衛親方が博打で負けた細川の屋敷は熊本新田藩。
- 清正公 ── 清正公酒屋：本妙寺浄池廟。加藤清正公を祀る寺。熊本市西郊の高台にある。清正は毒饅頭を食べて死んだとの俗説は、「子別れ」でも。饅頭にて暗殺す。

大分県

- 毛谷村(けやむら) ── 寝床：「寝床」の旦那がかたる義太夫の演目尽くし。『彦山権現誓助剣(ひこさんごんげんちかいのすけだち)』の毛谷村六助の出身地。山峡の村。
- 別府 ── 地獄八景、ふぐ鍋：旦那連が日本各地の温泉めぐり。地獄巡りが定番の観光スポット。
- 耶馬渓 ── 兵庫船：名所尽くし。凝灰岩が浸食され、柱状の奇岩が残る景勝。僧禅海が命の限り掘り抜いた青の洞門も近い。

宮崎県

- 高千穂 ── 虎狩り：天孫降臨のマクラ。ニニギノミコトが種籾を蒔いた神話の地。
- 日向 ── 朝友：「朝友」は、同時に死んだ二人の魂が入れ替わって蘇生した故事を踏まえた噺。一人は日向、もう一人は伊勢の出身。

鹿児島県

- 鹿児島 ── **逸見(へんみ)十郎太**：東京駅から鹿児島駅まで駅名を唱える「*出札口*」。鹿児島藩士「**逸見十郎太**」は、妻の不貞を料理屋で漏れ聞き激怒する。
- 国分 ── たばこ好き：最高級の葉タバコの産地。ほかには舞留(まいとめ)、水府、秦野(はだの)などの産地銘柄。
- 桜島 ── 九州吹き戻し：熊本から江戸へ向かった船が嵐に遭い、煙を噴く桜島まで120里も吹き戻されてしまう。
- 薩摩 ── 真田小僧：大坂落城のとき、抜け穴を通って真田幸村が薩摩へと落ちていった。

沖縄県

- 琉球 ── 位牌屋、棒鱈：琉球王国。薩摩の殿様へ芋を献上。「棒鱈」では田舎侍が芸者に勧められて琉球節をうたう。

海　外

- 渭水(いすい)――啞の釣：中国陝西省。まっすぐな釣り針を垂らして、魚ならぬ天下を釣った太公望の故事。それにちなむ釣魚台がある。
- 函谷関――べかこ：洛陽―長安間の交通の要衝。役立たずと言われていた食客の鶏鳴きまねで、孟嘗君(もうしょうくん)が関所を通過する故事。
- 邯鄲(かんたん)――軽業：中国河北省南部。『枕中記』の故事。枕を借りて一炊の間に一生を体験する夢。綱の上で「軽業」、邯鄲は夢の手枕のポーズ。
- 祇園精舎――源平：釈迦の説法の地。インド、ウッタル・プラデーシュ州サヘート・マヘートの遺跡に比定。『平家物語』巻頭の文句、祇園精舎の鐘の声は、「源平」にも使われる。
- 済州島翰林面――代書屋：代書屋にやってきて渡航証明を頼む済州島出身の男。韓国併合時代のため、この場面はあまり演じられない。
- 上海――鉄拐(てっかい)：貿易商、上海屋唐右衛門の余興で、仙境から連れてきた鉄拐仙人が一身分体の術を披露。鉄拐は脚の病の信仰も。
- 長坂坡(ちょうはんは)――三国誌：中国湖北省。『三国志』、敵の軍勢を前に張飛の大活躍。公園となっており、長阪雄風碑が立つ。
- 唐土(もろこし)――厩火事、試し酒、つる：故事来歴の宝庫。厩焼けたりの孔子に、酒をこしらえた儀狄(ぎてき)、「写真の仇討」の晋の予譲(よじょう)、股くぐりの韓信。けっして怒らない「堪忍袋」。「孝行糖」の老莱子(ろうらいし)は「二十四孝」の一人。ほかにも、コイの王祥、郭巨の釜掘り、蚊帳が買えない呉猛など多士済々。

架空・想像地名

- 鬼ヶ島――桃太郎：イヌ・サル・キジを連れて桃太郎が鬼退治。高松の北の女木(めぎ)島の山頂には、鬼ヶ島大洞窟がある。
- 三途の川――地獄八景、幽女買い：この川を渡ったら冥土。川端では脱衣婆が着物をはぎ取る。渡し賃は昔は六文銭、今は死に方でそれぞれ値段が違う。
- 六道(ろくどう)の辻――品川心中、死神：あの世の入り口で、道が6つに分かれている。青山にあった六道の辻も落語に出てくる。小野篁(おののたかむら)は、京都の六道珍皇寺にある井戸を通って冥界を往き来した。

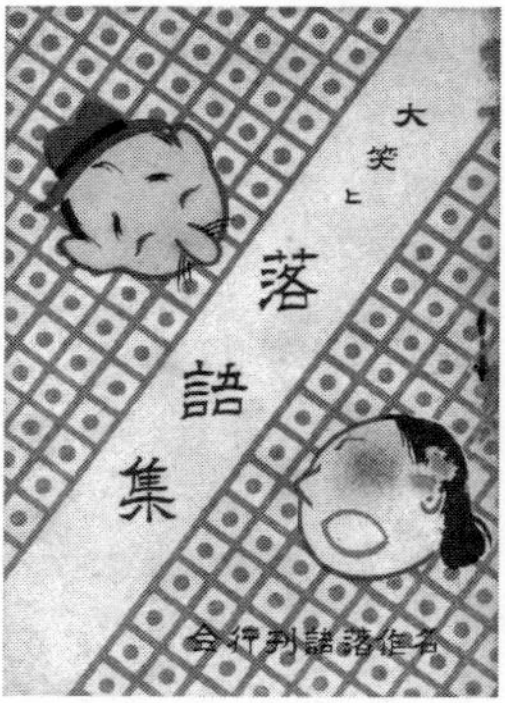
大笑ヒ
落語集
名作落語刊行会